기독교문서선교회 (Christian Literature Center: 약칭 CLC)는 1941년 영국 콜체스터에서 켄 아담스에 의해 시작되었으며 국제 본부는 미국 필라델피아에 있습니다. 국제 CLC는 59개 나라에서 180개의 본부를 두고, 약 650여 명의 선교사들이 이동도서차량 40대를 이용하여 문서 보급에 힘쓰고 있으며 이메일 주문을 통해 130여 국으로 책을 공급하고 있습니다. 한국 CLC는 청교도적 복음주의 신학과 신앙서적을 출판하는 문서선교기관으로서, 한 영혼이라도 구원되길 소망하면서 주님이 오시는 그날까지 최선을 다할 것입니다.

추천의 글 1

기 민 석 박사 _ 침례신학대학교 구약학 교수

밧세바도 몰랐을 것이다.
하나님이 그녀의 미투를 어떻게 들어주시는지!

'이야기' 혹은 '드라마'는 가장 효과적인 메시지 전달 수단이다. 특히 지금과 같은 모바일 디지털 환경에서는 더욱 그러하다. 성서의 진리를 전달하기 위해 나열되는 관념적 단어들은 독자의 시선을 붙잡기엔 이제 서글퍼 보인다. 목사는 그래서 늘 주일학교 선생님 같아야 한다. 어렵고 복잡한 신학적 메시지를 대중에게 설교나 글로 어렵지 않게 친절히 전달해 주어야 하는 것이 이들의 소명이기 때문이다.

저자 황의찬 목사님은 머리가 희끗하신 '옛' 분 같아 보이지만, 아마 지금 어린이 주일학교 설교를 하셔도 젊은 전도사들보다 구사력이 더 좋으실 것 같다! 이 책 「밧세바의 미투」가 이를 증명하고도 남는다.

'미투'는 교회의 목사가 당연히 다루어야 할 주제이지만 동시에 매우 조심스럽고 부담스러운 주제가 아닐 수 없다. 더욱이 실제 인물들을 가상화하여 이야기를 이끄시기에 적잖은 용기가 필요하셨으리라 본다. 사람들이 미투를 바라보고 해석하는 시각이 다양하고 예민하지만, 황의찬 목사님의 속도감 있는 서술은 독자의 부담감을 많이 덜어 줄 것이다.

그렇다고 이 책이 미투 사건 가해자들의 부담감을 덜어주는 것으로 오해하지는 마시기 바란다. 혹여 '회개는 하나님께 하는 것'이라는 저자의 서술을 가해자들의 면피용으로 이해하실까 염려되어서다.

흔히 하나님께 하는 회개는 피해자에게 직접 회개하는 것보다 더 쉽고 간편한(?) 것으로 오해한다. 아니다! 피해자 앞에 서는 것보다 천만 배는 더 큰 두려움을 갖고 하나님 앞에 서야 하는 것이 진정한 회개며 신앙이다. 진정 하나님이 살아계심을 믿는다면 말이다.

밧세바도 몰랐을 것이다. 하나님이 그 고통을 가장 멋지고 확실한 방법으로 그녀의 '미투'를 들어주셨음을! 궁금하시면 끝까지 놓치지 말고 읽으시길 바란다.

추천의 글 2

이 승 구 박사 _ 합동신학대학원대학교 조직신학 교수

현대의 미투 운동에서
다윗과 밧세바 사건을 보다!

여기 황의찬 목사님의 새로운 책이 또 우리에게 주어졌다. 다윗과 밧세바의 관계를 요즈음 온 세상에 번져가고 있는 "미투(me too) 운동"의 시각에서 검토하는 귀한 책이다. 참으로 귀한 시도다. 현재의 문제를 가지고 옛날의 문제를 검토하여 우리들로 하여금 성경을 오늘의 시점에서 좀 더 생각해 보고 접근 가능하게 만드는 황 목사님의 시도가 놀랍다. 이 짧은 시간에 이 문제를 깊이 있게 다루어 보려고 노력하신 것도 대단하다.

찬찬히 읽어 가면서 저자와 대화하면서 궁극적으로는 우리가 다윗과 밧세바 사건을 성경에 기록해 주신 성령 하나님의 의도에 초점을 맞추어 갈 수 있으면 한다. 그러므로 중요한 것은 그저 미투 운동이 아니다. 물론 미투 운동은 그 자체로서 중요한 일이고 이 시점에 모든 사람들이 모든 섬에서 자신을 잘 돌아보고 혹시 잘못했거나 잘못 해석될 어떤 일은 없는지를 돌아보는 것도 매우 중요한 일이다. 그러나 거기서 멈추고 만다면 우리는 성경을 읽는 사람이 아닐 것이고, 결국 황 목사님의 진정한 의도에 반하는 일을 하는 것이 된다.

그러므로 이 책은 미투 운동에 대한 책이면서(그것 자체로도 칭송받아야 한다!), 동시에 미투 운동에 대한 책이기만 한 것은 아니다. 이 책을 통해서 다윗과 밧세바 사건을 자세히 읽고 묵상하여 성령님께서 성경에 이 사건을 적나라하게 기록하여 주셔서 우리가 생각하길 원하시는 그 모든 뜻을 생각하는 데까지 나갔으면 한다. 그렇게 하나님이 원하시는 바른 생각을 촉발시키는 일에 이 책이 도움을 제공했으면 하는 강한 바램이 있다. 부디 많은 분들이 이로 인해 성경의 다윗과 밧세바 사건을 바로 보되, 성령 하나님의 시각에서 바라볼 수 있게 되기를 바란다.

#MeToo Movement &

하나님의 아픈 손가락

밧세바의 미투

다윗의 회개, 하나님의 속죄

황의찬 지음

기독교문서선교회

밧세바의 미투

2018년 6월 1일 초판 발행

지은이 황의찬

편집 권대영 디자인 박인미 전지혜
펴낸곳 (사)기독교문서선교회
등록 제16-25호(1980.1.18)
주소 서울특별시 서초구 방배로 68
전화 02-586-8761~3(본사) 031-942-8761(영업부)
팩스 02-523-0131(본사) 031-942-8763(영업부)
이메일 clckor@gmail.com 홈페이지 www.clcbook.com

ISBN 978-89-341-1819-0 (03230)

이 도서의 국립중앙도서관 출판시 도서목록(CIP)은
서지정보유통지원시스템 홈페이지(http://seoji.nl.go.kr)와 국가자료공동목록시스템
(http://www.nl.go.kr/kolisnet)에서 이용하실 수 있습니다. (CIP제어번호: CIP2018013749)

이 책의 저작권은 저자와 (사)기독교문서선교회가 소유합니다.
신저작권법에 의하여 한국 내에서 보호받는 저작물이므로 무단 전재와 무단 복제를 금합니다.

밧세바의 미투

황의찬 지음

다윗의 회개, 하나님의 속죄

CLC

차례

° 추천의 글 1 / 기민석 박사 _ 침례신학대학교 구약학 교수
° 추천의 글 2 / 이승구 박사 _ 합동신학대학원대학교 조직신학 교수
° 저자 서문

제1부

B.C. 1000
밧세바와 우리아

1. 삼천 년 전 로토(Lotto) _ 15
2. 용병 우리아 _ 19
3. 수염 전쟁 _ 23
4. 생리 후 정결례 _ 26
5. 왕의 채홍사 _ 28
6. 우리아 전사 통지 _ 36

제2부

B.C. 2000
구약성서의 여인들

7. 사라와 아브라함 _ 42
8. 두 딸과 아버지 롯 _ 48
9. 다말과 시아버지 유다 _ 52
10. 디나와 세겜 그리고 오빠들 _ 56
11. 보디발의 아내와 요셉 _ 60

제3부 A.D. 2000 미투	12 미투 시작 _ 65 13. 최영미와 En _ 69 14. 여검사의 미투 _ 72 15. 영화 밀양 _ 78 16. 섬마을 선생님 _ 84 17. 어느 여학생의 미투 _ 89
제4부 B.C. 1000 다윗의 죄와 벌	18 다윗을 찾아 온 나단 _ 96 19. F-Type 세겜, I-Type 암논 _ 104 20. 아히도벨의 패착 _ 108 21. 다윗의 회개 _ 117 22. 다윗의 죄와 벌 _ 128

제5부

In The Beginning
하나님의 속죄

23. 성경의 인과응보 _ 135
24. 다윗의 탄원시와 현대인 _ 148
25. 웃어 보라, 울어 보라! _ 152
26. 응보의 블랙홀 _ 156
27. 신의 한 수 _ 164
28. 하나님의 속죄 _ 169
29. 속죄에 대하여, 회개에 대하여 _ 177

제6부

A.D. 100
밧세바의 미투

30. 밧세바는 꽃뱀? _ 184
31. 다윗은 밧세바에게 사과했을까? _ 189
32. 미투에 지목되었다면 _ 192
33. 여자의 일생 _ 199
34. 밧세바의 #MeToo _ 209

저자서문

황 의 찬 목사

갑이 갑질(GapJil)할까 저어하여

갑과 을 두 남자가 어쩌다가 등산을 함께 하게 되었다.
제법 널찍한 등산로를 우측통행으로 올라간다.
반대편 길로는 역시 우측통행으로 내려오는 이들이 있다.
갑과 을은 이런저런 이야기를 나누며 올라간다.
을은 주로 직장 내의 여러 정보에 대해서 이야기한다.
갑은 그런 소식에 흥미를 보이지 않는다.
갑은 하산하는 여성 등산객에 몰두했다.
저 여자 죽여주네!
가슴 한번 끝내주네!
엉덩이가 착 달라붙었네!

뒤따라 가볼까?

산 중턱에 암자가 있다.

휴일이어서 제법 많은 사람들이 있다.

이리저리 구경을 하는 중에도 갑은 쉬지 않는다.

눈에 들어오는 여자 등산객마다

이 여자는 어떠네

저 여자는 어떠네

처음에는 을도 흥미롭게 들었다.

나중에는 갑의 얼굴을 찬찬히 뜯어보기 시작했다.

갑의 머릿속에는 온통 성(sex)으로 가득한가 보다.

갑의 여성 편력에 귀 기울이다가

을은 자기 머릿속에 든 여자를 헤아려 봤다.

어머니

누이

첫사랑 연인

아내

딸

같은 사무실 여직원들 …

만일 여성에 대한 집착 정도가 영에서 백까지 있다면

을의 생각에 갑은 백에 가까울 거라 생각했다.

을은 자기의 희박해진 성 몰입도를 점검한다.

갑을 부러워해야 하는 건가?

"아니야!"

라고 말해 주는 이를 못 봤다.

아니라고 말해서는 안 되는 건지도 모른다.

"적당히!"라고 말해야 하나?

이 책으로 대답해도 될까?

갑과 을을 지으신 하나님!

그 산길 여성 등산객을 지으신 하나님!

모든 사람을 지으신 하나님!

이 책이 출판되도록 허락해 주셔서 감사합니다!

이 순간 머릿속에 떠오르는 아내와 딸과 사위와 손주 유채와 바울이 그리고 금종이,

오늘을 있게 한 거룩한 여성님들께 아울러 감사합니다.

기꺼이 추천사를 써 주신 교수님

토씨 하나로도 열을 올린 CLC 편집진

감사하고요, 미투의 진정한 성공을 기도합니다.

A.D. 2000 – 미투 시대

제1부

B.C. 1000
밧세바와 우리아

1. 삼천 년 전 로토(Lotto)
2. 용병 우리아
3. 수염 전쟁
4. 생리 후 정결례
5. 왕의 채홍사
6. 우리아 전사 통지

1.

삼천 년 전 로토(Lotto)

뿌린 대로 거둔다는 금언은 가끔 운명을 희롱한다.

더 심은 자보다 덜 심은 자가 더 수확하는 일은 비일비재하다. 노력으로 행복해지겠다는 자가 어리석어 보일 때가 있다. 인류는 언제부턴가 노력보다는 운에 기대기 시작했다. 그래서 운을 그냥 운이라 하지 않고 행운이라고 이름 지어 불렀다. 행운을 빈다는 말이 인사가 되기 시작했다.

언제부터일까?

지금부터 삼천 년 전, 이때를 우리는 고대라고 부른다.

삼천 년 전 사람들이 뭘 알겠느냐고 말하는 현대인이 많다. 그들을 싸잡아서 원시인으로 부르는 학자도 꽤 있다. 고대인은 사고의 구조가 현대인에 비하여 엄청나게 미개하다고 단정하는 사람도 많다. 그렇게 생각하는 사람은 고대에는 행운이라는 것을 알지 못했다고 주장할지 모른다. 고대 언어에 운은 있지만 행운은 없을 거라고 말이다.

고대의 사고 구조 속에도 행운이 있다는 증거가 있다.

삼천 년 전 이스라엘은 다윗 왕 보유국이었다. 다윗의 다음 대는 그의 아들 솔로몬이었다. 이스라엘은 다윗과 솔로몬 왕 보유국이다. 섣불리 고대인을 원시인으로 여겼다면 생각을 바꿔야 한다. 다윗의 선정과 솔로몬의 지혜를 능가하는 왕은 그때 이후 없었다. 다윗과 솔로몬 치세 하에도 행운은 작동했다.

다윗 솔로몬 시대 전쟁이 터지면 으레 용병을 샀다.

돈을 받고 전쟁터에 나가고자 하는 이들이 용병 인력 시장에 인산인해를 이뤘다. 특히 전쟁 승률이 높은 나라의 용병 지원 경쟁률은 엄청났다. 이 경쟁을 뚫지 못하면 상대 나라의 용병 인력 시장으로 가야 한다. 거기서도 용병이 되지 못하면 무거운 발걸음으로 집에 간다. 집에는 늙은 부모가 계시다. 나이가 든 용병은 처자식이 있다. 가족들은 용병에 발탁되지 못하고 돌아오는 가장의 축 처진 어깨를 바라보며 한숨을 감춘다.

운 좋은 이는 용병 시험에 합격하여 머리에 투구를 쓰고, 갑옷에 각주를 차고, 손에는 창, 칼 또는 활을 거머쥔다. 전쟁 경험이 풍부한 용병은 중간 간부 자리를 꿰차고 튼튼한 말도 한 필 배정받을 수 있다.

분명한 것은 고대 전쟁의 무기는 원시적이라는 것이다.

싸움하는 방식도 원시적이었다. 이 전쟁의 장점은 현대 전쟁처럼 대량 살상은 좀처럼 발생하지 않는다. 전쟁 치사율이 현대의 전쟁 치사율에 비하여 훨씬 낮다. 고대 전쟁에 기용된 용병은 아등바등 목숨까지 걸 필요가 없다. 용병이기 때문에 죽을 지경에 처하면 달아나면 된다. 몸값을 포기하고 달아나서 다른 전쟁터를 찾는다.

자기가 속한 나라가 승승장구하게 되면 대박이 난다. 적국을 유린하면서 진귀한 보물을 챙길 기회도 있다. 적의 진영을 휘젓다 보면 진귀한 보물을 발견할 수 있다. 전쟁 윤리에 반하지만 진귀한 보물을 아무도 몰래 '슬쩍'할 수도 있다. 물론 이렇게 하다가 망한 사람도 있었다.

다윗 시대 훨씬 이전 여호수아가 전쟁을 벌일 때였다.

이스라엘 유다 지파 출신으로 '아간'이라는 장수가 여호수아 휘하에서 장수로 참전했다. 아간은 적국의 진영에서 명품 외투 한 벌, 묵직한 금괴와 은덩어리를 발견했다. 견물생심이다. 순간적으로 욕심이 발동한 아간은 아무도 몰래 챙겼다가 자기 집 마당에 땅을 파고 묻어 두었다. 그러니 나중에 들통이 나고 멸문지화를 당한다. 그러나 요령 좋은 세상 사람들은 자기 잘못이 드러나지 않도록 하면서 횡재한 재물로 남보란 듯이 떵떵거리면서 평생을 살기도 한다.

이러한 비도덕적인 행운이 아니더라도 자기가 참전한 전쟁에서 승리하게 되면 전리품을 배당받을 수 있다. 전리품 배당은 오늘날 샐러리맨이 받는 보너스에 비할 바가 아니다. 승전의 과실이 엄청나기 때문이다. 혹이 장가들지 못한 노총각 용병이라면 포로로 잡혀온 여성 중에서 짝을 찾을 수도 있었다.

전쟁하면서 용병을 샀다는 기록은 성서에도 빈번하게 나온다.

전쟁터는 생사가 걸린 현장이기도 했지만 뜻밖의 행운을 거머쥘 수 있는 기회의 현장이다. 용병이 되었다는 것은 오늘날 로토 복권에 당첨된 것에 진배없었다.

2

용병 우리아

이스라엘이 터를 잡은 가나안 땅에는 원래 토착 주민이 있었다.

거기에는 일곱 족속이 드문드문 흩어져 터를 잡고 살고 있었는데 이들의 타락상은 목불인견이었다. 타락의 정도가 바로잡을 수 있는 수준을 훨씬 넘어섰다. 마치 노아의 홍수 당시 사람들처럼 물로 쓸어버리지 않고는 방법이 없는 구제불능의 족속들이었다.

고름이 살 되지 않는다.

상처 속의 고름은 제거하는 수밖에 없다. 가나안 땅에 사는 일곱 족속은 파내지 않으면 안 될 고름덩어리였다. 하나님은 이스라엘 민족을 그곳으로 보내어 고름을 제거하고자 했다. 그 사명을 일차적으로 여호수아가 맡았다. 그러나 고름을 제거하는 일은 만만하지 않다.

다윗 왕 치세에 이르기까지 이 일은 계속 이어져 오고 있었다. 다윗은 가나안 땅 내부의 악을 제거하는 한편 외적의 침입에도 대응해야 했다. 다윗은 끊임없이 전쟁을 치른다. 전쟁을 할 때마다 용병을 기용하여 전선에 투입했다.

다윗이 용병을 산다는 광고를 내면 용병 지원자가 구름 떼같이 몰려들었다. 다윗의 전쟁 승률이 당시로서는 최고였기 때문이다. 용병 지원자 중에는 가나안 땅 토착민으로서 살아남은 이들도 있다.

가나안 땅 북부 지역에 '헷'이라는 족속이 있었다.

헷 족속 출신으로 '우리아'라는 젊은이도 다윗이 일으키는 전쟁에 용병으로 지원했다. 처음 몇 차례는 고배를 마셨지만 운 좋게 용병이 되어 전쟁에 나가게 되었다. 우리아는 제법 똑똑한 친구다. 전쟁을 수행하는 이스라엘이 무엇을 원하는지 알아듣는 지혜가 있었다. 용맹을 겸비한 의리의 사나이였다.

싸움이 불리하다고 물러서거나 자기 목숨을 부지하고자 달아나는 비겁한 사내가 아니었다. 그는 비록 용병이었지만 이스라엘 백성 못지않게 빼어났다. 출신은 비천하여 구제받기 어려운 환경이었지만 그 속에서 빛을 발하는 보석 같은 성품을 지닌 매력 있는 사나이다. 그의 이름 우리아는 '여호와는 나의 빛'이라는 의미다.

천박한 헷 출신이었지만 그의 부모는 이스라엘 민족의 하나님을 자기들의 하나님으로 영접했다. 그리고 태어난 아들의 이름을 '우리아'라고 지어줬다. 우리아는 '여호와의 빛'처럼 성장하여 용병을 거쳐 다윗의 중견 장수 반열에 이르렀다.

우리아에게도 용병은 행운이었다.

우리아는 전쟁에서 포로로 잡혀 온 여자들 중에서 짝을 찾지 않아도 되는 더 높은 행운을 거머쥐었다. 이스라엘의 정통파 혈통으로 명문 가정인 '아히도벨'의 손녀를 아내로 맞이할 수 있었다. 용병이 자기를 고용한 이스라엘의 딸을 아내로 맞이했으니 남자 신데렐라가 된 셈이다. 아히도벨은 다윗 왕의 으뜸가는 책사였다.

아히도벨의 아들은 엘리암이다.

엘리암은 밧세바라는 어여쁜 딸을 낳았다. 밧세바는 할아버지 아히도벨의 온갖 귀여움을 받으면서 자랐다. 곱디곱게 자란 밧세바에게 짝을 지어줘야 할 때가 왔다. 이즈음 아히도벨의 눈에 띈 인물이 용병 출신 장수 우리아다.

'저 녀석을 손녀사위 삼았으면 딱이겠다!'

밧세바도 마다하지 않았나. 비록 정통 유대인은 이니었지만 우리아의 남성다움과 용맹과 지혜와 의리는 당대 으뜸이었다. 가문의 어떤 어르신은 헷 출신이고 용병 출신이라서 맘에 안 든다고도 했다. 기왕이면 유대인 중에서 짝을 찾아야 하지 않겠냐고 했다. 그러나 밧세바의 마음속에는 이미 사랑이 싹

트고 있었다.

'저 남자가 내 남편이었으면…'

밧세바와 우리아는 무척이나 잘 어울리는 한 쌍이다.

유대인과 이방인의 결혼이지만 밧세바의 조부 아히도벨은 유대의 격식에 따라 품격 있는 결혼식으로 손녀사위를 맞아들이고 예루살렘 성내에 신혼집을 마련해 줬다.

3.

수염 전쟁

요단강 동편에 암몬이라는 나라가 있다.

암몬은 벤암미의 후손이다. 벤암미는 아브라함의 조카 롯의 아들인데 족보가 혼란스럽다. 롯은 숙부인 아브라함을 따라 가나안까지 왔다. 아브라함은 조카를 잘 돌봐서 조카의 세력이 커지자 분가시키기로 했다.

"네가 보기에 좋은 땅을 먼저 선택하거라!"

롯은 '숙부님이 먼저 선택하면 남은 곳에 제가 우거하겠나이다' 하지 않고 냉큼 소돔과 고모라 지역을 선택했다. 당시 그곳이 가장 번성하여 좋아 보였기 때문이다. 아담은 조카의 선택을 존중하여 분가시켰다.

보기에 좋은 곳은 위험도 많은 법이다.

롯이 이주한 소돔과 고모라는 하나님의 심판이 임박한 곳이었다. 하나님 보시기에 파내지 않으면 아니 될 고름 덩어리가 소돔과 고모라다. 결국 소돔과 고모라는 유황불 벼락이 떨어져 흔적 없이 사라진다. 이 재난을 피하여 달아날 때 롯의 아내가 소금 기둥이 되고 만다. 하나님의 천사가 뒤돌아 보면 안 된다고 누누이 일렀지만 롯의 아내는 못내 뒤가 궁금하여 돌아보다가 소금 기둥이 되었다.

롯은 아내를 잃고 두 딸과 깊은 산속으로 숨었다.

인적이 닿지 않는 곳, 홀아버지와 두 딸이 사는 움막은 건전할 리 없다. 두 딸이 발칙한 생각을 했다. 아버지에게서 씨를 받아서 아이를 낳자고 합의한 자매는 아버지를 술이 떡이 되도록 대취하게 한 다음 언니 먼저 아우 먼저 하면서 아버지와 동침하고 각각 아들을 낳았다.

롯의 작은 딸이 낳은 아들 이름이 '벤암미'이다.

벤암미의 후손을 일컬어 '암몬'이라 불렀다. 이들은 요단강 동편에 부족 국가를 이루고 살았다. 도덕성이 결여된 뿌리라고 해서 열매까지 부도덕할 리 없다. 헷 족속 우리아처럼 반듯한 열매도 많다. 다윗은 그래서 암몬과 우호적인 관계를 유지했다.

다윗과 잘 지내온 암몬 왕 나하스가 서거했다.

다윗은 국제 관례에 따라 조문 사절을 파견했다. 나하스의 서거 이후 왕위를 물려받은 아들 하눈은 다윗의 조문 사절을 정중하게 맞이했다. 그러나 간신들이 간언하기를 다윗의 조문 사절은 암몬을 정탐하고 장차 암몬을 삼키려고 다윗이 보낸 정략적 첩자라고 주장했다.

이제 막 왕위에 오른 하눈은 경황 없던 중에도 간신의 말을 철썩같이 믿었다. 다윗의 조문 사절에게 가장 큰 모욕을 주어서 돌려보내기로 결정했다. 조문 사절의 수염 반쪽을 밀어내 웃음거리를 만들었다. 이뿐 아니었다. 입고 온 의복을 엉덩이가 드러나도록 싹뚝 잘라냈다. 고대 사람은 팬티를 입지 않았으니 걸을 때마다 성기가 드러났다가 감춰졌다가 했다.

조문 사신을 이런 치욕을 줘서 내쳤다.

암몬의 젊은 왕 하눈은 이렇게 한 다음 부리나케 용병을 고용했다. 이 소식을 들은 다윗 왕은 전쟁이 불가피하다고 판단했다. 안타깝지만 전쟁을 하지 않을 수 없게 되었다. 수염을 잘라 모욕을 주어 촉발된 전쟁이니 이는 수염 전쟁이다.

그러나 애초에 암몬이 다윗을 대적하기에는 중과부적이다. 다윗의 군사는 암몬을 풀잎 베어내듯 했다. 적수가 되지 못하는 암몬을 보고 용병은 달아나기 바빴다.

생리 후 정결례

용병이 등돌린 암몬을 제압하기는 식은 죽 먹기다.

이제 전쟁을 마무리할 단계다. 다윗 왕은 긴장을 풀고 왕궁에서 느긋하게 기다리면서 하루하루 소일하고 있었다.

이 전쟁에 밧세바의 신랑 우리아가 참전했다. 용병 출신으로 용맹과 기지를 발휘하여 다윗의 장수로 전격 발탁되었으니 우리아가 전쟁에 나간 것은 당연했다. 신랑 우리아가 전쟁에 나가자 집에 홀로 남은 밧세바는 적적한 가운데 하루하루 남편의 무사귀환을 기도하면서 지내고 있었다.

이스라엘은 율법 국가였다.

모세가 시내산에서 하나님으로부터 받은 율법이 이스라엘의 근본법이다. 율법에는 정결 의식이 엄격하다. 부정한 사람은 반드시 정하게 되어야 한다. 부정한 사람 중에 생리중인 여성이 포함된다. 여성이 생리할 때는 부정함을 인지하고 생리 기간을 조심조심 보내야 한다. 생리가 끝나고 이레가 지나면 자기 몸을 깨끗이 씻음으로써 정결하게 된다.

밧세바는 신혼이지만 아직 아기가 없다.

생리가 찾아왔다. 생리를 마치고 이레가 지나 밧세바는 몸을 깨끗이 씻는다. 날씨가 더워 목욕탕 창을 열어 놓고 목욕을 했다.

이 모습을 왕궁 옥상에 올라 이리저리 거닐던 다윗 왕이 목격하게 되었다. 갓 결혼한 새색시의 몸매는 여성으로서 가장 아름다울 때다. 거리가 있어 모습이 희미하기는 하지만 밧세바의 목욕 장면은 다윗의 남성을 한껏 자극했다.

5.

왕의 채홍사

밧세바가 목욕을 마치고 몸의 물기를 닦고 머리를 말리고 있는데 문밖에서 인기척이 났다. 얼른 몸을 추스르고 나가보니 웬 남자가 와 있다. 어떻게 오셨냐고 묻기도 전에 그 남자는 밧세바에게 이름을 묻는다. 남편의 이름을 묻고, 아버지의 이름, 할아버지의 이름을 묻는다. 대수롭지 않게 생각하면서 대답해 줬다.

이것저것 멈칫멈칫 더 묻다가 돌아갔다.

한식경쯤 지났는데 낮에 왔던 이가 다시 왔다. 다윗 왕이 부르니 함께 가 주어야겠다는 것이다. 이스라엘은 다윗 왕의 나라다. 백성도 왕의 백성이다. 왕이 어떤 명령을 하더라도 '아니오' 할 수 있는 사람은 아무도 없다. 오로지 '예'만이 있을 뿐이다. '왜 부르냐'고 물어서도 안 된다. 느낌이 썩 좋지는 않았다. 왕 앞에 부름받은 몸이니 최고의 예의를 갖추어야 한다.

　　왕 앞에 섰다.

　　감히 눈조차 편하게 뜰 수 없다. 다소곳이 땅을 내려다 볼 뿐이었다. 이내 왕의 침실로 안내되었다. 그날 밤을 다윗 왕의 침실에서 다윗 왕과 동침했다. 거절이나 거부의 몸짓이나 자기 의사 표시는 엄두도 낼 수 없다. 뻣뻣하게 굳어드는 몸을 부드럽게 해야 한다는 생각뿐이었다. 다윗은 밧세바의 몸을 익숙하게 품었다.

　　'아, 이제 나는 어떻게 되는 건가?'

　　세상이 하나가 아니라 둘이 되었다. 남편 우리아가 자기 앞에 열어 주는 세상만 알고 있었는데, 왕이 자기에게 새로운 세상을 열어 놓았다. 두 세상 중에서 어떤 세상을 살아야 하는지 혼란스럽다. 남편 우리아가 생각났지만 왕 앞에서는 내색할 수 없다.

　　다음날 또 채홍사가 왔다.

　　눈을 끔벅하더니 문밖에서 기다리고 서 있다. 준비하라든지 서두르라든지 말이 없다. 밧세바는 다시 몸단장을 하고 따라나섰다. 밧세바는 자기 인생에 이런 일이 벌어지리라고는 꿈에도 몰랐기에 따라나서면서 삽작 아래 피어있는 들꽃을 바라보는데 왠지 눈물이 찔끔 흐른다. 눈물의 의미가 무엇인지 자신도 알지 못했다.

현대 의학으로 임신은 두 달여가 지나야 알 수 있다.

고대에는 그렇지 않다. 여성은 육감으로 알아챘다. 자기 몸에 아주 작은 변화만 생겨도 대번에 감을 잡았다. 밧세바는 자기 몸에 이상이 온 것을 알았다. 아주 조심스럽게 다윗 왕에게 고했다.

내 몸에 이상이 왔습니다.

다윗은 어의를 불러 진맥하게 했다. 임신이다. 밧세바는 뭐가 뭔지 감을 잡을 수도 없을뿐더러 현실 감각도 상실했다. 새벽에 의식이 돌아왔을 때 이불 속에서 비몽사몽 중에 보는 환상에 자기가 있는 것 같았다.

며칠 동안 궁궐에서 호출이 뜸했다.

그런데 뜻밖에도 남편 우리아가 삽작을 밀고 들어선다.

"아? 당신!"

우리아는 전쟁에서 피곤할 법도 하건만 당당한 풍채에 늠름한 기상으로 군화 끈을 푼다. 밧세바를 힘껏 안아 주면서 이마에 입술을 댔다. 얼떨결에 우리아의 포옹을 받은 밧세바는 몸이 나무토막처럼 굳어 버린다.

"그동안 별고 없었소?"

"네!"

마음으로는 소리를 냈다 싶었는데 음성이 만들어지지 않았다. 이러다가 남편이 낌새를 챌 수도 있겠다 싶어서 애써 명랑을 가장했다.

"전쟁이 아직 안 끝났다 들었는데요?"

"왕의 명으로 특별 휴가를 받았소!"

"아! 그래요?"

"잠깐 나갔다 오겠소!"

차 한 잔을 다 비우지도 않고 서둘러 나갔다. 밧세바는 어디 가냐고 묻지 않았다. 남정네가 하는 일에 아녀자가 일일이 간섭하는 것은 바르지 않다고 배워왔다. 그것이 아니더라도 밧세바는 남편을 똑바로 쳐다볼 수가 없었다. 전쟁에 호출받고 집을 나설 때의 남편이 아니었다. 아니다. 그때의 밧세바가 지금의 밧세바가 아니다. 그때 밧세바에게는 오직 한 세상 우리아가 이끌어 주는 세상만 있었지만, 지금은 다윗 왕이 품어 주는 또 하나의 세상을 알아 버렸다.

밤이 돌아왔다.

전쟁에 불려 나가기 전처럼 한 침대에 이부자리를 폈다. 그런데 남편은 한사코 건넌방에서 침소로 다가올 기미를 보이지 않는다. 혼자 침대에 누워 남편을 기다리는데 오만 가지 별 생각이 다 든다. 자정이 다 되어가는데도 남편이 침소로 오지 않기에 건넌방으로 갔다.

"잠 안 주무세요?"

"전쟁터에서 싸우다가 나만 혼자 특별 휴가를 왔는데, 그곳 걱정에 잠이 안 옵니다!"

"그래도 주무셔야지요!"

"먼저 자시오, 내 이따가 자리다!"

밧세바는 조용히 침대에 올라 잠을 청하지만 잠이 올 리 없다. 자신이 뒤척일 때마다 삐거덕거리는 침대 소리와 이부자리 뒤척이는 소리에, 문간 너머 남편 역시 잠이 들지 않는지 부시럭거리는 소리가 교차되어 들려왔다. 하얗게 밤을 새우고 아침을 맞았다.

우리아는 밧세바가 구워낸 빵을 맛있게 먹고 양젖을 따뜻하게 데워 내밀자 단숨에 그릇을 비운다. 그리고는 전장에서 함께 싸우는 동지들의 가족을 찾아 보겠다며 서둘러 나간다. 온종일 집을 지키면서 밧세바는 남편을 기다렸다.

둘째 날은 밧세바도 우리아도 전날 잠을 못 잔 탓인지 깊이 잠에 빠져들었다. 우리아는 어젯밤처럼 문지방 너머의 방에서 아무렇게나 곯아떨어졌다. 새벽녘에 깨어난 밧세바는 조심스럽게 남편 곁으로 가서 누웠다. 그러자 우리아가 벌떡 일어난다.

"지금 동지들은 방패로 칼과 화살을 막아내고 있습니다!"

그 한마디가 무엇을 의미하는지 밧세바는 이내 알았다. 조용히 일어나서 자기 방 침대 위에 몸을 잠시 뉘었다가 서둘러 아침 식사를 준비했다. 남편이 평소에 좋아하는 건포도를 많이 넣어 구워낸 빵과 우유를 차려 냈다. 식성이 까다롭지 않은 남편은 밧세바가 차려주는 음식은 무엇이든지 맛있게 먹는다.

휴가 기간 내내 두 사람은 내외하며 지냈다.

밧세바도 생각이 있다. 남편과 동침을 해야 나중에라도 구실이 있을 터이다. 그런데 이렇게 휴가가 끝난다면 뒷감당할 도리가 없다. 그래서 밤마다 남편 곁으로 다가가서 조용히 남편을 안아 보기도 했지만 그때마다 남편은 벌떡 일어나 전쟁터의 급박한 상황을 짧게 한마디할 뿐이다.

우리아의 귀대 일자가 하루 앞으로 다가왔다.

그날도 남편은 아침 식사를 마치기 바쁘게 집을 나갔다. 나가면서 점심은 밖에서 먹게 될 거라고 말을 해 줬다. 밧세바는 집안을 정리하고 멍한 기분으로 댓돌에 걸터앉아 있었다. 그때 왕궁에서 사람이 나왔다. 늘 오던 채홍사였다.

"가시지요!"

"네!"

채홍사는 말을 붙여 볼 틈새라고는 좀처럼 보이지 않는 차가운 사람이었다. 말을 건네면 물렁하게 받아 부드럽게 반응해 줄 것 같지 않은 인물이다. 어쩌다 물어 보기라도 하면 아주 짧게 대답을 할 뿐이다. 밧세바는 채홍사를 따라가는 자기의 모습을 남편 우리아가 보기라도 한다면 어떻게 될까 조마조마했지만 거절할 수도 없다.

다윗 왕 앞에서 돌아서면서 밧세바는 생각했다.

지금 이 말을 안 하고 왕 앞에서 돌아서면 안 된다. 휴가 나온 남편 우리아가 자기와 동침하지 않는다는 것 말이다.

"저어…"

"무슨 할 말이라도 있으면 하거라!"

"남편이 저와 한 침대를 쓰지 않습니다!"

"그게 무슨 말이더냐?"

"전쟁터에서 생사를 넘나들면서 고생하는 전우들 이야기를 합니다!"

"알았다! 돌아가거라!"

다시 채홍사의 안내를 받아 집으로 돌아왔다.

오는 길가에 떨기나무 가지들을 바라본다. 껍질을 다 벗은 듯 매끈매끈하게 회초리처럼 자란 관목이 메마른 토양에서 습을 빨아올리느라 힘겨워 보였다. 그래도 나무는 때가 되면 이파리를 피워 낸다.

다음날 아침은 서둘러야 했다.

남편 우리아가 휴가를 마치고 귀대하는 날이다. 정성을 기울여 빵을 굽고 양의 젖을 데우고 치즈를 꺼내고 소금으로 맛을 냈다. 우리아가 음식 먹는 모습을 볼 때면 밧세바는 늘 힘이 솟았다. 그런데 그날은 그렇지 않았다. 우리아는 아침 식사를 마치고 군화 끈을 단단하게 매고 일어서면서 두 팔을 벌린다. 밧세바가 가서 그 품에 안긴다. 우리아가 밧세바에게 딥키스를 해 준다. 밧세바도 뜨겁게 응해 주었다. 그런데 갑자기 역한 구역질이 올라온다.

돌아서 나가는 우리아의 뒤태를 보는 밧세바의 눈가에 이슬이 맺혔다.

'참 좋은 내 남자 우리아!'

전쟁이 머지않아 끝날 터이니 조금만 참자면서 마당이 꺼질듯 쿵쿵 걸어 삽작을 나섰다. 귀대하는 길에 다윗 왕을 배알하고 가야 한다고 했다. 남편을 보내고 마루에 걸터앉아 멍하니 하늘을 바라본다. 쏟아지는 햇살이 어찌 그리 낯선지 밧세바는 소스라쳤다.

6

우리아 전사 통지

우리아를 보낸 밧세바는 온종일 헛구역질을 하면서 삽작을 들락거렸다.

괜히 신발을 꿰차고 종종 걸음으로 사립문을 나섰다가 얼른 되돌아 들어왔다가 다시 나가기를 반복했다. 남편이 전쟁터에 나가 있는 동안에 아내가 임신했다. 다행히 남편이 휴가를 다녀가긴 했지만 남편은 아내를 품어 주지 않았다. 세상을 속일 수는 있을지 몰라도 남편만은 속일 수 없다.

'이를 어떻게 하지?'

만일 우리아가 밧세바의 임신을 용납해 주지 않는다면 율법에 따라 재판을 받아야 한다. 우리아가 전쟁 용사이기 때문에 그 재판의 판관은 다윗 왕이다. 궁궐로 들어가는 성문 입구의 재판정에서 판결을 받아야 한다. 그 자리에 서면 자신에게 임신을 시킨 남성을 밝혀야 한다. 어차피 죽어야 하기 때문에 끝까지 남자를 밝히지 않고 홀로 죽어가는 여인도 있었다.

'나도 그렇게 할 수밖에 다른 도리가 없다!'

어차피 죽은 목숨인데 아이의 아버지를 밝혀서 같이 죽는 것에 무슨 의미가 있단 말인가. 더구나 아이의 아버지가 재판관이다.

'전하가 뱃속 아이의 아버지입니다.'

혼자 되뇌어 본다. 그리고 혹시라도 이 소곤거림을 누가 듣지는 않았을까 소스라쳐 주변을 돌아본다. 누가 있을 리 없다. 댓돌에서 내려와 집안을 휘휘 돌아본다. 낯이 설다. 자기 집이 아닌 것 같다. 자기가 있을 곳이 아닌 것 같다. 서둘러 방 안으로 들어가 이것저것 끄집어내서 보퉁이를 쌌다. 어딘가로 떠나야 할 것 같아서다.

보퉁이를 안고 대문을 나섰다. 동네 어귀를 나서는데 갈 방향이 없다. 친정 부모님이 생각났다. 할아버지 아히도벨 생각도 났다. 할아버지 아히도벨은 어려서부터 밧세바를 끔찍하게 위해 주었다. 부모님에게 꾸중을 들었을 때 위로받을 수 있는 분이 할아버지였다. 할아버지는 언제나 밧세바의 편에 시셨다.

갈 곳이 없음을 자각하고 집으로 돌아온다.

저 멀리서 보니 자기 집 앞에 어떤 이가 서성거리고 있다. 채홍사다. 밧세바가 보퉁이를 들고 집을 향하여 오는 것을 보더니 화들짝 놀란다.

"행동을 진중하게 해야지 경거망동은 아니 됩니다!"

"…"

"가시지요!"

"네!"

품에 안았던 보퉁이를 집 안에 던지고 채홍사를 따라나섰다. 임신 징후가 완연한 데다 안색이 더없이 피폐해졌는데도 다윗 왕은 밧세바를 불러들인다. 가끔 헛구역질을 하는데도 다윗 왕은 개의치 않았다.

"절대 다른 생각하면 안 됩니다!"

집에까지 따라 들어온 채홍사가 단단히 다짐을 준다.

"네!"

기어드는 목소리로 대답했다. 이삼일에 한 번쯤 왕궁을 드나들었다.

"우리아가 전쟁 중에 사망했습니다."

남편 우리아의 전사 통지가 왔다. 이번에는 채홍사가 아닌 다른 사람이 소식을 가지고 왔다. 고위직 장군이 아닌 이상 시신은 전장에서 즉결 처분하는 것이 원칙이다. 밧세바는 남편의 시신 없이 장례의식을 치렀다. 전사자의 장례는 빈소를 차릴 수도 없다. 이웃에게 알릴 수도 없다. 후방 국민의 사기가 떨어지면 전방의 군에까지 영향을 미치기 때문이다.

밧세바는 부엌 잿더미 곁에 앉았다. 타다 남은 지푸라기며 재를 한 움큼씩 쥐어 머리 위로 뿌렸다. 담 밖으로 울음소리가 새 나가지 않도록 흐느끼면서 재를 뿌리고 뒤집어썼다. 그리고 율법에 정해진 만큼 옷을 찢었다.

"나는 죄인입니다!"

입술을 딸싹이면서 반복했다. 친정어머니가 그런 딸의 모습을 보면서 소리 내지 못하고 따라 운다. 정신을 수습하면서 그제서야 밧세바는 친정어머니에게 모든 것을 실토했다.

"예루살렘에서 멀리 떨어진 곳에 너희 신방을 꾸몄어야 했어!"

"아니에요 어머니, 어머니 잘못은 없어요!"

"아이의 아비가 왕이니 모든 것을 왕에게 맡기자!"

"네!"

친정어머니가 돌아간 텅 빈 집에 밧세바는 다시 홀로 남았다. 밧세바가 살 길은 다윗 왕이 왕비로 맞이해 주는 길 외에는 없음을 깨닫는다. 그렇지 않다면 밧세바와 태중의 아이는 살아남지 못한다. 우리아의 장례 삼우제를 마친 날 왕궁에서 채홍사가 왔다. 서로 눈빛만 주고받고 궁 안으로 들어갔다. 다윗 왕을 만났다.

"내 아내가 되어 궁 안으로 들어오겠느냐?"

"…"

"수일 내에 왕비 첩지를 내릴 터이니 그리 알라!"

"황공하옵니다. 전하!"

채홍사가 가르쳐 준 인사법에 맞춰서 겨우 대답하면서 마음 저 밑바닥에서는 안도의 숨소리가 들렸다. 뱃속 아이의 태동이 느껴진다.

'아가야! 이제 살았다!'

며칠이 지나 왕의 첩지를 받고 궁 안으로 들어갔다. 전쟁 중이라고 왕비 책봉식은 간략하게 치렀다. 한 번도 꿈꾼 적 없던 구중궁궐이었다. 밧세바는 꿈꾸기 시작했다.

제2부

B.C. 2000
구약성서의 여인들

7. 사라와 아브라함
8. 두 딸과 아버지 롯
9. 다말과 시아버지 유다
10. 디나와 세겜 그리고 오빠들
11. 보디발의 아내와 요셉

7.

사라와 아브라함

사라의 어릴 적 이름은 사래다.

사래의 아버지 데라는 신상을 깎아서 팔았다. 데라는 돌을 깎아서 만들기도 하고 나무를 건조하여 날카로운 것으로 정성껏 자르고 다듬어 모양을 빚어 돈 받고 팔았다. 그것을 사 간 사람은 자기 움막 시렁에 올려 두거나 궤짝 깊숙이 숨겨서 보관하기도 했다. 마을에서는 그것이 각자의 집을 지켜 준다고 믿었다.

아버지 데라는 벌이가 짭짤하니 아내를 두어 명 더 두고 살았다. 외동서가 된 여인들은 한집에 같이 살기도 하고 멀지 않은 곳에 따로 살기도 했다. 아내들뿐 아니라 온 가족이 데라가 하는 일을 도왔다. 나무에 옹이가 박혀 신비스럽게 뒤틀린 것도 신상을 새기는 데 재료가 되었고, 사람 모양이나 동물 모양을 한 돌도 데라의 손을 거치면 신비한 모양의 신이 되었다.

　사래는 보기 드문 미인이었다. 사래가 자라날수록 배다른 오빠들이 사래를 탐냈다. 아버지 데라는 사래를 이복 오빠인 아브람과 짝을 지어 주었다. 어려서부터 보아 온 오빠 아브람이 썩 마음에 내키는 것은 아니었지만 아버지가 정해주는 대로 날을 잡아 합방하고 부부가 되었다. 첫날밤을 맞은 사래는 가슴 설렐 것도 없이 오빠가 하자는 대로 순종했다.

　남편이 된 아브람은 다른 오라버니와 다른 점이 있었다. 아브람은 생각이 깊었다. 아브람은 아버지 데라가 하는 일에 대해서 탐탁지 않게 여길 때도 있었다. 아버지의 손을 거쳐 만들어진 것들에게 소원을 빌거나, 가문의 안녕 또는 후손의 번창을 빌었다고 달라질 것이 없다고 생각했다. 가끔 아브람은 아버지 데라와 대립했다.

　어느 날 아브람은 사래에게 보퉁이를 싸자고 했다. 먼길을 떠나야 한다는 것이다. 꼬치꼬치 묻지도 않았다. 챙길 것도 별로 없는 보퉁이를 걸머지고 이곳저곳 떠도는 것은 흔한 일이었다. 사래의 어머니도 그렇게 떠돌다가 아버지 데라를 만나 소실이 되어 더부살이하였다.

　아브람은 아버지 데라에게 '하란'으로 가서 살아 보겠다고 하직 인사를 하고 아내 사래와 길을 나섰다. 그때 마침 아브람의 조카 롯이 따라나섰다. 숙부를 따라가서 살아 보겠다고 했는데 아브람은 두말없이 승낙했다. 혼자 떠나는 길보다 동행이 있으면 유리했다.

한동안 가나안 땅 북쪽에 있는 하란에서 살았지만 여의치 않았다. 마땅히 벌어먹을 거리가 없었다. 아브람은 식솔을 데리고 남쪽 가나안으로 와서 정착했다. 아브람은 아버지 데라가 했던 신상을 만들어 파는 장사 일에는 손사래를 치고 다른 일을 찾았다.

가나안으로 와서 농사를 시작했다.

아브람과 사래 부부는 조카 롯과 더불어 토착민의 눈치를 봐 가면서 한 귀퉁이 빈 땅이라도 찾아 씨앗을 심었다. 염소와 양도 몇 마리 키워 젖을 짜고 가죽을 벗겨 추위를 막기도 했다. 어느 해던가 가뭄이 심했다. 작물이 바짝바짝 타들어갔다. 아무래도 안 되겠다 싶었는지 아브람은 이집트 나일강 유역이 비옥하니 그곳으로 가자고 했다. 온 가족이 가뭄을 피해 서남쪽으로 발길을 떼었다.

이집트 지역에는 파라오라 불리는 왕이 있다. 왕의 권력이 대단하여 온 땅 구석구석 그의 힘이 미치지 않는 곳이 없다. 그 지경에 안에서 파라오 눈 밖에 나면 그 당장에 쫓겨난다. 아브람은 사래에게 걱정스레 말한다.

"당신은 남자의 시선을 끄는 매력이 있소! 이곳에서 혹시 당신에게 왕이 눈길을 보낸다면 자칫 내 목숨이 위태로울 수 있으니, 당신을 내 아내가 아니라 누이라고 해 둡시다!"

사나이가 자기 계집 하나 건사하지 못하냐는 생각은 당시로서는 사치였다. 힘의 우열에 따라 여자는 이 남자의 것이 되기도 하고 저 남자의 것이 되기도 했다. 그때까지는 오라버니이자 남편인 아브람이 사래를 잘 지켰지만 만일의 사태가 닥친다 한들 거기에 항거하여 부부관계를 고집하는 것은 어리석은 일이다.

남편 아브람이 우려한 일이 일어나고 말았다. 이집트 왕이 사래의 미모를 보고 대번에 왕궁으로 불러들였다. 아브람은 이집트에 들어온 이상 파라오의 명령에 거역할 생각은 추호도 없다.

"이 여자는 저의 누이입니다."

태연하게 말하고 사래의 뒷모습을 멀거니 쳐다볼 뿐이다.

사래는 그날 밤 파라오의 침실에 들었다. 사래는 자신이 아브라함의 여자라고 생각해 왔지만 남편보다 더 큰 힘 앞에서는 복종하는 길 외에는 달리 선택의 여지가 없다. 파라오는 이집트 지역에서 감히 누구도 거역할 수 없는 절대권력자다. 여성의 정절은 그 앞에서 특별한 의미가 없다.

사래가 파라오의 궁전에 들어간 날 이후로 이집트에 큰 재앙이 일어났다. 사람들의 지혜로는 막을 수도 해석해 낼 수도 없는 천재지변이었다. 파라오는 재앙의 원인을 자신이 새

여자를 맞아들인 일에서 찾았다. 자신이 사래를 취한 일이 부당했기 때문에 하늘이 노했다고 해석했다. 그러고 보니 사래는 아브람의 누이가 아니라 아내라는 것도 밝혀졌다. 화들짝 놀란 파라오는 사래를 돌려보내면서 아브람에게 후한 보상을 했다.

여인의 정절이 부부 간의 신뢰를 보장하는 시대는 그리 오래된 역사가 아니다. 아브람과 사래가 부부로 살던 시대는 단지 부부가 한 움막에 기거하는 동안으로 만족해야 했다. 사래가 돌아와 보니 아브람의 처소에 양, 소, 낙타가 엄청나게 많아졌음을 알았다. 잠깐 파라오의 여자가 되었음에 대한 보상이었다.

고대에는 부부의 정절이 가정을 지키는 버팀돌이라고 생각지 않았다. 그러나 하나님은 일찌감치 부부 간의 정절을 귀중하게 여겼다. 사래가 자기 남자가 아닌 외간 남자의 품에 안겼던 고통을 남편은 헤아리지 못했지만 하나님이 헤아려 주었다.

뜻밖의 재물을 가지게 된 아브람은 식솔을 거느리고 다시 가나안 헤브론으로 돌아왔다. 이곳에서 아브람과 사래 가정은 새로운 신앙을 분명하게 했다. 데라가 깎아 만든 신을 섬기는 그런 신앙이 아니라 아무 형상도 빚지 않으면서 섬기는 하나님 신앙의 길로 접어들었다. 아브람과 사래는 이름까지 개명했다. 아브라함과 사라!

아브라함의 아내 사라가 정절을 지키기에는 또 한 번의 고비가 남아있었다. 하나님의 음성을 듣고 하나님과 언약하고 하나님과 인격적인 교제가 시작된 이후에도 아브라함의 의식 속에는 여자의 정절에 대한 개념이 희박했다. 그랄 왕 아비멜렉이 아내 사라에게 눈독을 들이자 이때도 사라를 아내라 하지 않고 누이라고 둘러댔다.

아비멜렉은 거리낌 없이 사라를 자기 궁 안으로 불러들였는데, 꿈속에서 사라를 건드리지 말라는 엄한 경고를 받는다. 꿈에 놀란 아비멜렉은 황급히 사라를 아브라함에게 되돌리면서 원망했다. 왜 아내를 누이라고 말했느냐고.

남자가 여자의 정절을 지켜 주는 일이 생명 이상으로 가치가 있다는 하나님의 섭리를 아브라함은 아직 모르고 있다. 얼마나 더 세월이 흘러야 남정네가 여인네의 정절을 헤아리고 보호해 주게 될까. 천 년쯤 지나면 남성의 여인 보호 본능이 작동하게 될까.

아브라함과 사라는 밧세바가 다윗의 왕비가 되기 천 년 전의 인물이다.

8.

두 딸과 아버지 롯

두 자매가 있었다.

이들이 사는 곳은 아브라함 시대 타락의 대명사였던 소돔이다. 두 자매가 소돔에 살게 된 것은 아버지 롯이 숙부 아브라함을 따라 고향을 떠났다가 분가할 때 소돔 지역을 선택했기 때문이다. 소돔은 당대 최고로 번영한 도시였으나 성적으로 문란하고 도둑이 들끓었다. 밤이 되면 대문을 열어 놓을 수 없는 위험한 도시다.

밤낮없이 거리를 휩쓸고 다니는 불량배들은 남자 여자를 가리지 않고 성폭행했다. 이들을 제어할 수 있는 사회 제도가 무너져 내려 아무런 대책도 소용없었다. 그런 도시에 롯이 살고 있는데 어느 날 두 명의 나그네가 롯의 집으로 초대되어 하룻밤 유숙하게 되었다. 소돔의 불량배들은 롯의 집에 낯선 남자가 든 것을 알고 떼로 몰려와 두 사람을 자기들에게 넘기라고 요구했다.

롯은 숙부 아브라함이 나그네를 극진히 대접하는 것을 여러 번 보았다. 롯도 아브라함처럼 어떻게 해서든지 두 나그네를 보호해야 한다고 생각했다. 불량배들은 곧 대문을 부수고 들이닥칠 기세다. 잠시 황망해진 롯은 대문 밖 불량배들과 타협을 시도한다.

"내게는 남자를 가까이 하지 않은 두 딸이 있다. 그들을 내줄 터이니 우리 집에 유숙하는 나그네들을 건드리지 말아다오!"

남편이 이렇게 말하는 것을 곁에서 들은 롯의 아내는 대경실색했다. 선 자리에서 온 몸이 얼어붙었다. 두 딸은 혼사를 앞둔 예비 신부였다. 생면부지의 나그네를 보호한답시고 그런 두 딸을 소돔의 불량배에게 하룻밤 동안 내어 주겠다니!

얼어붙기는 두 딸도 마찬가지다.

집에 든 두 남정네를 보호하겠다고 자기 딸을 불량배에게 성적 유린의 마당에 내주겠다는 아버지를 보고 두 자매는 침대 밑으로 파고들며 오들오들 떨었다. 야수처럼 이빨을 드러내는 소돔의 불량배들에게 두 딸이 내맡겨진다면 어떤 일이 벌어지겠는가.

롯의 정서적 불안정은 소돔의 타락상과 맞닿아 있다.

그날 밤 롯의 집에 들었던 두 나그네는 하나님이 보낸

천사였다. 하나님은 소돔의 타락상을 재차 확인하고 심판을 결단하기 위해서 천사를 나그네로 가장하여 보냈다. 천사들은 문밖에서 설치는 불량배들의 눈을 한동안 안 보이게 함으로 롯의 가정을 보호했다. 갑자기 눈에 안개가 낀 듯하여 방향감각과 거리감을 상실한 불량배들은 바벨탑을 쌓아올리다가 언어가 달라진 무리처럼 갈팡질팡하면서 흩어졌다.

그 밤에 천사는 롯에게 소돔의 멸망을 예고하면서 얼른 성을 떠나야 한다고 재촉했다. 사위가 될 자들도 불러서 같이 달아나라는 권유에 따라 급히 불러 함께 피신하자고 했지만 그들은 농담으로 여기고 따라나서지 않았다. 새벽이 오자 천사의 독촉으로 롯과 아내와 두 딸이 소돔을 나서는데, 롯의 아내는 뒤돌아 보면 안 된다는 천사의 말을 거역했다가 그 자리에서 소금 기둥이 되었다. 나트륨이 된 롯의 아내가 바라보는 소돔에는 유황불이 비같이 내려 불길이 활활 타올랐다.

등 뒤에서 벌어진 소돔의 파멸에 놀란 아버지와 두 딸은 점점 깊은 동굴로 숨어들었다. 달이 가는지 해가 가는지도 모르고 어두운 동굴에서 세 부녀가 우거한다. 결혼을 앞두고 있다가 모두를 상실한 두 딸은 세상에서 살아가야 할 장래를 생각하고, 아버지 롯은 낙심에 빠졌다. 하루하루가 의미 없이 지나가고 있었다. 의미 없는 삶을 늙은이는 견딜지라도 젊은이는 견딜 수 없다.

두 자매는 아버지를 남자로 보기 시작했다. 아버지로부터 씨를 받아 아들을 생산해야 한다는 생각을 품었다. 일찍이 두 딸에게 정절을 가르치고 지켜줬어야 했지만 롯은 그러지 못했다. 불량배에게 내주겠다는 아버지의 부도덕이 두 딸의 성 윤리를 망가뜨렸다.

두 딸은 아버지에게 술을 잔뜩 먹이고 차례대로 아버지와 동침했다. 그리고 각각 아들을 낳았다. 둘째 딸이 낳은 아들 벤암미의 후손 암몬이 나중에 수염 전쟁을 일으킨다.

아버지는 아내와 딸을 비롯하여 여성의 정절을 보호하고 지켜줘야 할 사명을 지닌다. 아브라함이나 롯이나 그들 시대에는 시기상조였을 수도 있지만 말이다.

9.

다말과 시아버지 유다

다말은 엘에게 시집갔다.

엘은 유다의 장남이다. 유다가 아브라함의 고손자이니 엘은 증손자다. 다말은 결혼한 지 얼마 지나지 않아 남편과 사별했다. 슬하에 아들을 두지 못하고 남편을 잃은 다말에게 시아버지 유다는 당시의 계대 제도에 따라 둘째 아들 오난과 동침토록 하여 아들을 낳게 해 줘야 한다.

남편을 잃고 시동생과 동침하는 일은 좋고 싫고를 떠나 가문을 잇기 위한 전통이다. 또한 남편 없는 여자의 노후 대책을 위한 일이다. 시동생의 씨를 받아 아들을 낳으면 그 아들이 남편 엘의 장자 권한을 이어받아 유산을 상속받을 때 다른 형제보다 두 배를 받게 된다.

남녀의 성이 인격체를 벗어나 가문을 잇는 수단이 되었다.

다말은 시동생 오난과 동침하게 되었다. 남녀가 알몸으로

서로의 몸을 섞는 일은 설레는 일이다. 동물적으로만 밤을 새우기도 그렇고 쾌감을 추구하기에는 어색한 밤이다. 다말은 신중하게 시동생 오난을 받아들였다. 그런데 결정적 순간에 오난은 방바닥에 사정을 한다. 황당하고 난감한 밤이다.

오난은 형수가 아들 낳는 것이 마뜩치 않았다.

형수가 아들을 낳지 않으면 자신이 장자가 된다. 그래서 씨앗을 자궁에 심지 않고 땅바닥에 흩어 버렸다. 아침이 되었다. 다말은 오난의 괘씸한 행동을 누구에게도 말하지 못한다.

아이가 들어서지 않으니 모함한다 할 것 아닌가?

아무에게도 말 못할 비밀을 아는 분이 있다.

하나님은 아신다. 오난의 방자함을 보신 하나님은 오난도 죽게 했다. 셋째 아들 셀라가 있지만 그는 아직 어린애. 딱한 처지에 빠진 다말은 차마 고개를 들 수 없다. 딱하기로 치면 유다다.

창졸간에 장남 차남을 내리 잃었으니 그 충격이 오죽할까?

"친정에 가서 수절하고 기다리거라. 셀라가 자라면 합방시켜 주마!"

시아버지 유다가 다말을 친정으로 가 있도록 하면서 준 언질이다. 유다는 두말 않고 시아버지의 말씀에 순종했다. 시집 갔다가 소박맞고 친정에 돌아가 지내는 다말의 하루하루는 유쾌할 수 없다. 남편 엘과 시동생 오난과 동침을 경험한 다말이다. 정절이니 지조니 하는 것과는 거리가 멀어졌다.

힘들게 사는 중에도 세월은 흘렀다. 이제는 시동생 셀라도 장성했다. 충분히 자기에게 씨를 줄 수 있다. 그런데 시가에서는 연통이 없다. 마냥 기다릴 수만도 없다. 산다는 것은 살길을 찾아나서는 일이다. 자기 주도적으로 살길을 찾아야 한다.

다른 남자를 찾아 개가하는 것은 시아버지 유다가 허락하지 않은 길이다. 분명히 친정에 가서 수절하면서 기다리라고 했다. 다른 남자에게 시집가도 좋다는 언질도 없었다. 자기 목숨의 생사여탈권은 시아버지 유다가 쥐고 있다.

어찌해야 내가 살까?

생각하고 또 생각해도 유다 가문의 씨를 받는 길 외에는 자기가 선택할 수 있는 여지가 전혀 없다. 이제 막 성년이 된 셀라를 체면 불고하고 찾아 나설 수도 없는 노릇이다. 그때 마침 들려온 소문이 있었다. 시아버지 유다가 사업차 이웃 마을에 드나든다는 소식이다.

"아버님! 셀라가 장성했다 들었습니다!"

이렇게라도 얘기해 볼까?

아니다. 그랬다가 불끈 화라도 내고 돌아서는 날이면 평생을 그르치게 된다. 차라리 이 기회에 시아버지 유다의 씨를 받아 보자는 결단을 했다. 과부 옷을 벗고 창기의 옷으로 화려

하게 꾸미고 사창가 여성처럼 시아버지 유다를 유혹하기로 결심했다. 롯의 두 딸이 생각난다.

세상에서 일어나는 일은 항상 어떤 가능성이 미리 예고되어 있었기에 발생할 수 있다. 딸이나 며느리가 아버지나 시아버지의 씨를 받아 아이를 낳았다는 소문은 종종 들을 수 있었다. 소문은 퍼지는 곳에서 씨가 되어 현실이 될 개연성을 내포한다. 롯의 두 딸도, 다말도, 무조건 비난할 수만은 없다.

여성의 삶이 고난하면 남성의 삶도 고달파진다.

다말은 시아버지에게 창기로 위장하고 다가가서 임신하게 되었다. 과부 며느리가 임신했다는 소식은 빨랐다. 노발대발한 시아버지 유다 앞에 불려간 다말은 이 날을 대비하여 뱃속 아이의 아버지를 증명할 증표를 내놨다. 유다가 보니 그것은 자신이 화대 지불을 담보로 건넨 도장, 도장 끈, 지팡이였다. 며느리의 뱃속 아기의 아비가 자신임을 확인한 유다는 탄식하면서 토로한다.

"며느리가 나보다 옳다!"

이후로 유다는 다말을 더는 가까이하지 않았다. 다말은 아들 쌍둥이를 출산했다. 장자가 받을 유산도 챙기고 자기의 삶을 곤궁에서 건져냈다. 누가 다말에게 손가락질할 수 있단 말인가. 다말의 처신을 보며 부끄러워해야 할 사람은 남자들이다.

10.

디나와 세겜 그리고 오빠들

디나가 집으로 가면서 뒤돌아 보는 세겜성은 오빠들의 손에 짓밟혀 검은 연기가 솟구치면서 재로 변해 가고 있다. 숨넘어가는 아우성도 잦아드는 세겜 성읍을 디나는 자꾸 바라봤다.

지나간 달포의 날들이 꿈속같이 떠올랐다.

아버지 야곱이 외가를 떠나 옛 고향으로 돌아가는 행렬 속에서 외동딸 디나는 날마다 새로운 풍경에 호기심이 일었다. 가나안 땅에 접어들어 세겜 지역에 이르렀을 때에도 디나는 바깥 구경을 나갔다. 나무도 풀도 외가에 살 때 보던 것들과는 달랐다. 다가가서 이파리를 뜯어보기도 하고 풀숲에 기어 다니는 작은 벌레도 건드려 보았다.

그때 갑자기 한 떼의 젊고 건장한 청년들이 이상한 복장을 하고 디나를 에워쌌다. 그들 중에 우두머리인 듯 한 청년이 뭐라고 말을 하자, 함께 있던 자들이 우르르 다가와 다짜고짜 디나의 양 겨드랑이를 냅다 채더니 어디론가 끌고 갔다.

경황 없는 중에 소리조차 질러 보지도 못하고 당한 일이다.

생전 처음 겪는 일에 입 밖으로 비명조차 안 나왔다. 디나가 누운 자리에서 자지러지며 겨우 숨을 가누는데 태도가 달라진 성폭행 가해자가 디나를 일으켜 끌어안으며 다독거렸다. 손길을 세게 뿌리쳤지만 디나의 손은 겁탈자 세겜의 손아귀에 붙잡힌다. 가족이 있는 곳으로 보내 달라고 애원했지만 소용 없었다.

세겜 족 추장인 세겜은 호위무사를 거느리고 영내를 시찰하다가 디나를 발견하고 성적 욕구가 발동하여 디나를 겁탈했다. 한번 디나를 품고 나니 세겜의 마음속에 디나를 향한 연정이 불붙듯이 타올랐다. 세겜은 디나를 향한 알 수 없는 연모의 감정을 제어하지 않았다. 세겜은 디나를 아내로 삼아 곁에 두고 싶었다.

디나를 억류한 채 세겜은 자기 아버지에게 도움을 청했다. 디나와 결혼하고 싶으니 디나 가문에 청혼해 달라고 요청했다. 아들의 생각이 간절하다는 것을 알고 세겜의 아버지는 디나를 며느리 삼기 위한 절차에 나섰다. 매파를 야곱 진영에 보냈다.

매파를 통해서 전해 온 소식에 따르면, 야곱 일족은 할례 없는 족속과는 통혼할 수 없으니 만일 디나와 혼인하고 싶다면 세겜 부족 모든 남자가 할례를 받아야 한다는 것이었다. 할례는 오늘날의 포경수술이다. 디나를 겁탈하고 디나를 향한 연모의 정이 뜨겁게 달아올라 오직 혼인하고 싶은 일념에 사로잡힌 세겜은 그 조건을 수락하고 날을 잡자고 통보했다.

추장 세겜은 자기의 직권으로 하루 날을 잡아 부족 내 모든 남성이 할례 받도록 했다. 할례를 받고나면 사흘째 되는 날이 가장 고통스럽다. 부족 내 남자 모두가 자리를 보전하고 누워 지내거나 간혹 어기적거리며 오가고 있는데 그날 야음을 틈타 야곱 휘하의 군사들이 들이닥쳤다.

디나가 있는 비밀 처소를 찾아 디나를 빼낸 야곱의 군사들은 거칠 것 없이 세겜 족을 도륙했다. 할례를 받고 동작이 부자연한 세겜의 군사들을 풀잎 베어 눕히듯 했다. 군사들뿐 아니었다. 세겜 족 모든 사람의 씨를 말리고 집집마다 불을 싸질렀다. 개미 한 마리도 남기지 않고 초토화시켰다. 그리고 디나와 함께 철수했다.

디나는 세겜에게 당한 치욕도 그러려니와 세겜 영내가 화염에 휩싸인 것을 보면서 더 큰 충격을 받았다.

추장 세겜으로부터 입은 내상과 잿더미가 된 세겜을 목격함으로 받은 외상 후 스트레스 장애를 디나는 어떻게 극복하고 평생을 살아야 할까?

디나는 나중에 알았다. 자기의 동복 오빠들이 격노하여

세겜 부족에게 복수를 계획하고 미끼로 할례를 받도록 하여 세겜을 불살랐다는 것을.

아버지 야곱은 아내 넷을 두었다. 네 아내는 모두 1녀 12남을 낳았다. 귀한 외동딸이지만 디나와 한 어머니 소생인 오빠들의 격노는 아버지 야곱도 제어할 수 없었다. 오빠들은 자기의 분노에 충실했지만 디나의 인생에 대한 배려는 부실했다.

여자가 연한 그릇임을 남자들은 언제가 되면 알 수 있을까?

11.

보디발의 아내와 요셉

보디발은 이집트 파라오의 친위대장이다.

사천 년 전 이집트의 실권자다. 보디발이 어느 날 인신매매 시장에 나온 젊고 잘 생기고 똑똑한 청년 요셉을 샀다. 가정 경제를 맡길 노예가 필요했기 때문이다. 요셉은 보디발의 기대에 어긋나지 않게 성실하고 지혜롭게 맡겨진 일을 야무지게 마무리했다.

보디발은 가정의 중요한 일을 모두 요셉에게 맡겼다. 요셉은 보디발 가정의 충복이 되었다. 보디발이 집을 비울 때도 요셉에게 모든 것을 맡길 정도가 되었다.

이렇게 준수하고 멋진 청년 요셉을 은근히 바라보는 시선이 있었다. 보디발의 아내였다. 보디발의 아내는 문제적 여성이었다. 남편의 권세가 나는 새도 떨어뜨릴 만하니 부러울 것이 없었다.

가질 만한 것을 다 가질 수 있는 자리는 남성에게나 여성에게나 위험하다. 이는 동굴 속에서 아무 것도 가지지 못한 롯과 두 딸이 위험한 것과 일맥상통한다. 너무 궁해도 탈이지만 너무 부해도 탈이 난다.

보디발의 아내는 요셉이 땀 흘리면서 가정 총무로서 분주하게 일하는 모습을 보면서 묘한 감정에 빠져들었다. 주인과 노예로서 관계에만 충실하면 되었을 터인데 요셉의 모습에서 남편이 채워 주지 못하는 매력을 발견했다. 무엇보다도 요셉에게는 젊음이 있었다.

보디발의 아내는 요셉의 매력에 빠지기를 마치 개구리가 잠긴 물이 점점 데워지듯 했다. 자신도 모르는 사이에 뜨거운 물에 익혀져 버린 개구리처럼 보디발의 아내는 요셉을 바라보는 일 외에는 아무 것도 눈에 들어오지 않았다. 보디발의 아내가 처한 위험은 자칫 여성으로서 정절이 무너질 수도 있는 위기였다.

요셉과 눈이 마주칠 때마다 한쪽 눈을 '찡긋'하면서 자기의 은근한 속내를 전하고자 애를 썼다. 부와 명예와 권세를 다 가진 고위층 아내와 정을 통하는 젊은이가 가지게 되는 유리한 점은 한둘이 아니다. 어지간한 젊은이들은 이 유혹 앞에 굴복하고 만다.

아브라함이 이집트의 파라오와 그랄 왕 아비멜렉의 권세

앞에 굴복하여 사라를 누이동생이라고 말하는 것이나, 혈기왕성한 젊은이가 권세가 안방마님의 유혹에 굴복하는 것은 남성의 취약점이다. 이 약점 앞에 무릎 꿇을 때 사나이의 기개도 무너지고 여성의 정절도 허물어진다.

마침 남편 보디발도 장기 출장 중이고 집안에는 요셉과 자기만이 있는 절호의 기회가 왔다. 보디발의 아내는 그동안 익을 만큼 윙크를 보냈으니 오늘은 물꼬를 내고야 말겠다는 심정으로 요셉을 노골적으로 유혹했다. 이때 요셉이 말한다.

> 주인이 아무 것도 내게 금하지 아니하였어도
> 금한 것은 당신뿐이니
> 당신은 그의 아내임이라(창 39:9).

보디발의 아내는 요셉을 침실로 끌어들이는 데 실패했다. 실패함이 더 좋은 때가 있다. 손을 뻗으면 무엇이든 집을 수 있는 자리보다는 어떤 것은 집을 수 없는 자리가 더 좋다. 사라를 말 한마디로 자기 처소로 끌어들인 이집트의 파라오, 그랄 왕 아비멜렉의 자리보다 보디발의 아내 자리가 실상은 더 좋다. 상대방 요셉이 거절도 하니까 말이다.

요셉이 거절함으로써 보디발의 아내는 정절을 훼손하지 않을 수 있었다. 사라가 거절할 수 없어 왕의 침소에 듦으로써, 진정한 사나이의 기개도 한 여성의 정절도 금이 갔지만, 요셉의 거절로 보디발 가문도 굳어지고 요셉은 자기의 진정한 여성을 찾아 나설 수 있게 되었다.

　보디발의 아내를 보면 여성이 늘 수동적인 자리에서 자기의 정절을 아등바등 지켜내는 것만이 아님을 알게 된다. 때로 여성도 적극적으로 자기의 정절을 위해 극한의 절제가 필요할 수도 있다.

　남성은 자기의 성품으로 여성의 정절을 지켜야 한다.

　때로는 자기를 희생하면서 여성의 절개를 지켜 줘야 한다. 역사는 여성의 정절을 지켜 주기 위해 자기를 희생하는 남자의 출현을 학수고대했다. 드디어 한 남자가 출현했으니 그가 요셉이다.

　요셉은 보디발 아내의 유혹을 뿌리침으로써 자기의 자리를 잃었다. 직장을 잃었을 뿐 아니라 감옥에도 가야 했다. 보디발의 아내가 모함했기 때문이다. 감옥에 갈 줄 알면서도 주인 아내의 정절을 보호해 준 멋진 사나이 요셉이다.

제3부

A.D. 2000
미투

12. 미투 시작
13. 최영미와 En
14. 여검사의 미투
15. 영화 밀양
16. 섬마을 선생님
17. 어느 여학생의 미투

12.

미투 시작

사라의 시대로부터 네 번의 밀레니엄이 지나갔다.

다섯 번째의 새 천 년을 맞이했다. 십 년이면 강산이 변한다 했으니 십 년이 물경 사백여 차례나 되풀이하여 흘러갔다.

아브라함의 무기력과 롯의 비뚤어진 여성관은 어떻게 변했을까. 여동생 디나가 당한 성폭행에 차분하게 대응하지 못하고 분노의 포로가 되었던 오빠의 후예는 반성했는지 궁금하다.

시아버지 유다의 포용성과 주인 아내의 유혹에 자기희생을 감수하며 응대했던 요셉의 신사도는 보편적 가치로 자리를 잡았을까?

미국의 사회운동가인 흑인 여성 타라나 버크(Tarana Burke)는 유색인종 여성 청소년에 대한 관심이 컸다. 이들이 성범죄에 가장 취약한 계층이기 때문이다. 버크는 이들을 체계적으로 돕기 위해 '저스트 비(Just Be)'라는 단체를 설립하고 성범죄에 노출되어 고통을 겪는 소녀들을 도왔다.

버크는 상대적으로 우월한 지위에 있는 남성에게 당한 성범죄에 사례별로 대응하는 일은 아무리 해도 끝이 없음을 절감했다. 제도적 개선이 뒤따르지 않고는 해결되지 않으리라는 것을 깨달았다. 아울러 남성의 성 의식이 개선되지 않고는 해결 방안이 없음도 알았다. 네 번의 밀레니엄을 보내고 다섯 번째의 밀레니엄을 맞이하면서도 인류는 이 문제를 해결하지 못했다.

A.D. 2000에 버크를 통해서 나온 아이디어는 피해자가 피해 사실을 널리 알려야 한다는 것이다. 비슷한 경우를 당한 피해자들이 연대해야 한다는 것이다. 피해자들은 혼자가 아니라는 것을 알고 함께 연대하면 문제를 해결할 수 있다고 했다. 그리고 성폭력은 피해자의 잘못이 아니라 가해자의 범죄행위라는 것을 재인식하자는 것이다.

버크의 주장이 처음 제기된 때가 2006년이다. 버크가 돕는 유색인종 청소년들의 성폭력 피해에 대한 대응은 꽤 효과가 있었으나 아직은 이 운동이 사회적으로 확산되지는 않았다. 이때로부터 11년이 흘렀다.

2017년 10월 '뉴욕타임스'에 한 기사가 실렸다.

미국 할리우드의 거장 하비 와인스타인(Harvey Weinstein)의 성폭력 폭로 기사였다. 뉴욕타임스는 이 기사에서 와인스타인이 자기의 권력을 빌미로 수십 년 동안 젊은 여배우와 자신이 설립한 영화사의 여직원들에게 성폭력을 했다고 보도했다.

와인스타인으로부터 성폭력을 당한 여성 중에는 유명 배우 애슐리 쥬드(Ashley Judd), 로즈 맥고완(Rose McGowan)도 있었다. 뉴욕타임스는 후속 기사에서 기네스 팰트로(Gwyneth Paltrow), 안젤리나 졸리(Antina Jolie)를 포함한 여성 7명의 성폭력 피해 증언을 실었다. 폭로 이후 하비 와인스타인은 자신이 설립한 회사인 와인스타인 컴퍼니에서 해고됐으며 아카데미 시상식을 주최하는 미국 영화예술과학아카데미(AMPAS)에서 완전 제명되었다(다음백과 참조).

2017년 10월 15일 배우 알리사 밀라노(Alyssa Milano)가 트위터를 통해 '미투 해시태그(#MeToo)'를 붙여 성폭력 피해를 고발하자고 제안했다. 사회에 만연한 성폭력의 규모와 심각성을 알리고 생존자들과 함께 연대 의지를 밝히자는 취지였다. 이후 하루 만에 약 50만 건의 트윗이 뒤따랐으며 페이스북에만 처음 24시간 동안 약 1,200만 건 이상의 글이 올라왔다. 유명 배우들을 시작으로 문화계와 언론계, 정계, 재계 등 각계각층에서 일하는 많은 여성들이 자신의 피해 경험을 고발했다(다음백과 참조).

미투 운동에는 여성뿐 아니라 일부 남성 피해자들도 함께 연대했다. 미국 브로드웨이 뮤지컬 배우인 안소니 랩(Anthony

Rapp)은 14세에 배우 케빈 스페이시(Kevin Spacey)에게 성추행을 당했다고 폭로했다. 배우 테리 크루스(Terry Crews)도 헐리우드 유명 인사로부터 당한 성추행 경험을 언급하면서 경력과 사회적 시선 때문에 섣불리 피해 사실을 알리지 못하는 생존자들의 현실에 공감한다고 밝혔다(다음백과 참조).

13.

최영미와 En

아브라함과 사라 때와 달리 지금은 지구촌 시대다.

미국에서 일어난 바람이 한국에 도달하는 것은 순식간이다. 2017년 계간 문예잡지 「황해문화」 겨울호에는 최영미 시인의 다음 시가 게재되었다.

괴물

최영미

En선생 옆에 앉지 말라고

문단 초년생인 내게 K시인이 충고했다

젊은 여자만 보면 만지거든

K의 충고를 깜박 잊고 En선생 옆에 앉았다가

Me Too

동생에게 빌린 실크 정장 상의가 구겨졌다

몇 년 뒤, 어느 출판사 망년회에서

옆에 앉은 유부녀 편집자를 주무르는 En을 보고,

내가 소리쳤다

"이 교활한 늙은이야!"

감히 삼십년 선배를 들이박고 나는 도망쳤다

En이 내게 맥주잔이라도 던지면

새로 산 검정색 조끼가 더러워질까봐

코트자락 휘날리며 마포의 음식점을 나왔는데,

100권의 시집을 펴낸

"En은 수도꼭지야. 틀면 나오거든

그런데 그 물은 똥물이지 뭐니"

(우리끼리 있을 때) 그를 씹은 소설가 박 선생도

En의 몸집이 커져 괴물이 되자 입을 다물었다

> 자기들이 먹는 물이 똥물인지도 모르는
>
> 불쌍한 대중들
>
> 노털상 후보로 En의 이름이 거론될 때마다
>
> En이 노털상을 받는 일이 정말 일어난다면,
>
> 이 나라를 떠나야지
>
> 이런 더러운 세상에서 살고 싶지 않아
>
>
> 괴물을 키운 뒤에
>
> 어떻게 괴물을 잡아야 하나

이 시가 발표되었음에도 아직 한국 사회에서는 반향이 없었다. 한국인들이 이 시를 읽는다면 En으로 표기된 시인이 누구라는 것은 대번에 알게 된다. 시에서 '노털상'으로 패러디했지만 이것은 '노벨상'을 의미하며, 한국의 시인으로서 노벨상 후보로 입질에 오르내리는 사람은 딱 한 명이 있을 뿐이기 때문이다. 그럼에도 대중이 여기에 반응하기에는 아직 일렀다. 한국인은 어떻게 일이 터져야 벌떡 일어설까?

14

여검사의 미투

최영미 시인의 '괴물'이 발표된 그 겨울이 깊어 갈 즈음 한국인의 작은 눈이 동그래질 만한 사태가 벌어졌다. 현직 여검사가 8년 전 자신이 당한 성추행을 검찰의 내부 게시판에 게재했다.

한국 사회에서 검찰 조직이라 하면 대중에게는 일종의 성역으로 의식되는 공간이다. 아무나 기웃거릴 수 있는 공간이 아니다. 최고의 엘리트들만이 참여하는 내밀하면서도 격조 있는 커뮤니티이다. 거기에 접속할 수 있는 자격은 곧 상류사회의 일원임을 의미했다. 그토록 높고 엄한 인터넷 공간에 현직 여검사가 당한 성추행 사실이 적나라하게 게시되었다. 이쯤이면 한국의 국민적 관심사가 되기에 충분하다.

여기서 더 놀랐다.

그날 밤 한국의 종편방송 저녁 메인뉴스 보도 시간에 피해를 입은 여검사가 직접 스튜디오에 나와 앉았다. S 검사는 팔 년 동안이나 가슴앓이한 자기의 속내를 드러냈다. 애써 이성을 잃지 않으며 어렵게 말을 이어갔다.

인터뷰 요청에 응답하게 된 심경도 말했다. 검사 게시판에 글을 올린 후 많은 분들로부터 격려의 메시지를 받았다고 했다. 그들 중 가까이 지내는 사람들에게 인터뷰 요청이 왔는데 어떻게 했으면 좋을지 물었더니, 많은 분들이 피해자가 직접 나서야 진정성이 실리게 될 것이라고 말해 줘서 용기를 냈다고 한다.

S 검사는 문제의 그날 뜻밖의 성추행을 당한 후, 그 일이 혹시라도 자기의 잘못에 기인한 것은 아닌지 오랫동안 생각해 왔다면서, 성폭력 피해자에게는 잘못이 없다고 결론을 내리기까지 팔 년의 시간이 걸렸다고 했다.

"결코 당신의 잘못이 아닙니다!"

자기 자신에게뿐 아니라 세상의 모든 성폭력 피해자들에게 이 말을 꼭 해주고 싶다고 했다. 앵커는 그날 일어난 일들에 대해서 말해 줄 수 있는지를 조심스레 물었다.

팔 년 전 시월 어느 날 지인의 부친상 연락을 받고 장례식장에 조문을 간 자리였다. S 검사가 간 시간에 마침 당시의 법무부 장관도 조문을 왔다. 영정 앞에서 조의 절차를 마치고 식사 자리에 앉다 보니 법무부 장관, 장관을 수행한 A 검사, 그 옆에 S 검사가 자리했다. 장관 일행은 장례식장에 오기 전 다른 술자리가 있었다. 그곳에서 일차로 술을 마셔서 어느 정도 취한 상태에서 장례식에 조문을 오게 된 것이다.

장관이 앉은 자리이니만큼 그 식탁에는 검사들이 둘러앉았다.

식사가 시작되었는데, S 검사의 허리 뒤로 감싸 안는 손이 있었다. A 검사였다. 순간 당황하여 어찌해야 할 바를 모르고 있는데, 그 손은 이내 엉덩이로 내려가 쓰다듬는다. S 검사는 본능적으로 웅크리면서 손을 뒤로 돌려 그 손을 떼어내려 했지만 그럴수록 '나쁜 손'은 더욱 힘껏 조여 왔다.

한 상에 둘러 앉아 있는 다른 이들이 다 보고 있었다. 그럼에도 A 검사를 만류하는 사람은 없었다. 쳐다보고는 씩 웃으면서 고개를 돌리거나 아예 외면하기도 했다. 그때 장관이 껄껄 웃으면서 한마디 했다.

"내가 이놈을 수행하고 다니는 건지, 이놈이 나를 수행하는 건지 모르겠다니까!"

좌중은 웃음바다가 됐다.

그때 웃음을 터뜨린 이들은 모두 S 검사에게 일어나고 있는 상황을 모를 리 없다. 그렇게 한동안 시간이 지나가는데 S 검사는 '혹시 내가 지금 당하고 있는 이 순간이 환각 속에서 일어나는 일은 아닐까'하는 생각이 들었다. 자신에게 이런 일이 벌어질 수 있다는 생각을 꿈에서도 해 본 적이 없었는데 지금 이 상황은 뭐란 말인가.

이건 어쩌면 요즘 휴대폰 게임에 차용된 '증강현실'은 아닐까 하는 몽롱함마저 끼어들었다. 그 시간이 한없이 길게 느껴지는 중에 모두가 식사를 마치고 자리에서 일어났다.

그 일이 있은 후 S 검사는 모멸감에 진저리를 치면서 하루하루 보내고 있었다. 어디 마땅히 이야기해 볼 곳도 없었다. 그런데 E 지청에서 근무하는 한 여검사로부터 전화가 왔다.

"S 검사님, 최근 장례식장에서 A 검사가 옆에 앉은 여검사를 성추행했다는 소문이 있는데, 혹시 그 피해자가 누군지 아십니까?

소문이 사실이라면 그냥 묵과해서는 안 되는 것 아닙니까?

우리 여검사들이 적극적으로 대처해야 한다고 생각합니다!"

S 검사는 그 전화를 받으면서 가슴이 부들부들 떨렸다.

그 일에 대해서 자신은 아직 아무에게도 발설하지 않았는데, 검찰 내부의 성차별 문제에 적극적으로 나서는 당차기로 소문난 여검사가 알게 되었다면, 가해자가 자랑삼아 떠벌렸거나 그 자리에 있었던 다른 검사들이 소문을 냈다는 뜻이다.

S 검사는 순간적으로 상황을 정리해야 했다.

일단 자신은 모르는 일이라고 시치미를 뗐다. 자기 자신이 스스로의 방식으로 수습해야 한다고 판단이 섰기 때문이다. 다음날 S 검사는 직속상관에게 그날 일어난 일을 보고했다. 보고를 받은 상관은 A 검사로부터 사과를 받도록 해 주겠다면서 조용히 수습하는 것이 좋지 않겠냐고 했다. S 검사도 그 방식에 동의하고 A 검사가 사과해 오기를 기다렸다. 그러나 어떤 연락도 없었다. 오히려 자신에게 무언의 압력이 가해 오고 있음을 감지해야 했다.

S 검사가 검찰 내부의 감찰 대상이 되어 그동안의 업무처리 실태에 대한 감사를 받고 상당히 많은 지적을 받았다. 이러한 감찰도 특별했지만, 그 감찰 결과에 따른 징계성 발령이라면서 자신을 지방의 한직으로 몰아낸 것은 더욱 납득할 수 없었다.

앵커는 그렇게 팔 년을 참아오다가 이번에 검사 게시판에 피해를 공개하게 된 배경이 뭔지 말해 줄 수 있겠냐고 질문을 이어갔다. S 검사는 자신이 성실하게 잘 하면 모든 일이 순조롭게 되리라 여기고 그렇게 시간이 흐르다보면 자기 안의 상처도 아물 것으로 기대했다. 그러나 은근히 자기를 조여 오는 것은 인사상의 불이익이었다.

피해 당사자 스스로 나서지 않고는 해결되지 않을 것이라는 생각을 하고 있는데, 때마침 들려온 소문이 있었다. 가해자인 안 검사가 최근 종교에 귀의하여 회개하고 구원받았다는 간증을 하고 다닌다는 이야기였다. S 검사는 이 이야기 끝에 한마디를 덧붙였다.

"회개는 피해자에게 직접 해야 한다는 말을 전해주고 싶습니다!"

15.

영화 밀양

"회개는 피해자에게 직접 해야 한다!"

일찍이 이 문제를 가지고 만들어진 영화 한 편이 있다.
2007년에 이창동 감독이 연출한 '밀양'이다. 영화 '밀양'이 상영되고 딱 10년 만에 그 영화의 주제가 한국 사회에서 현실로 되살아났다. 무릇 영화는 그 시대의 상황을 반영한다. 시대의 부조화는 종종 영화로 표현된다. 그러니 영화의 주제가 현실에서 쟁점으로 떠올랐다 해도 어색하지 않다.

밀양의 여주인공 신애(전도연 분)는 일찍이 남편을 잃고 어린 아들과 함께 남편의 고향인 밀양으로 낙향했다. 떠난 남편이 더 깊이 사무쳐서다. 한국 사회에서 청상과부는 뭇 남성들이 노리는 성폭력의 주요 먹잇감이 되는 경우가 다반사다. 밀양도 예외일 수는 없는 지역이었다. 그렇다고 모든 남정네가 다 그런 것은 아니다. 신애를 처음 본 자동차 정비업소 사장 종찬(송강호 분)은 순수한 연정을 느끼고 접근을 하지만 신애가 새롭게 사랑을 시작하기에는 너무 이르다.

사별한 남편의 고향 밀양은 하루하루가 힘든 신애에게 더 큰 불행의 씨앗을 배태하고 있었다. 어느 날 아들이 유괴를 당한다. 경찰에 신고하고 백방으로 찾았으나 결국 아들조차 주검으로 발견된다. 남편을 잃은 데 이어 참척을 당한 신애는 어렵게 버티면서 피아노 학원을 운영한다. 홀로 살아내기 위한 안간힘이다.

그때 신애에게 손을 내민 것은 기독교의 복음이었다. 신애의 이웃에 있는 교회의 성도들이 신애의 안타까움을 보고 복음을 전했다.

"예수 믿고 위안을 얻자!"

"예수 믿고 구원을 받자!"

"하나님은 당신을 사랑한다!"

신애는 지푸라기라도 잡는 심정으로 기독교인이 되었다. 성도들과 교제하면서 점점 예수 그리스도에 대해 알아간다. 익히 아는 것처럼 기독교는 사랑과 용서의 종교다. 형제가 나에게 잘못을 저질렀을 때 일곱 번쯤 용서해 주면 되지 않겠냐는 제자의 질문에 그리스도는 '일곱 번을 일흔 번이라도 용서하라'고 말했다.

기독교회는 전통적으로 사랑과 더불어 용서를 가르친다. 용서는 자기에게 범죄 한 자에게 관용을 베푸는 일이다. 신애가 용서해야 할 사람이 있다면 그는 교도소에 수감되어 있는 아들의 살해범 박도섭(조영진 분)이다.

그동안 도섭을 향한 불타는 증오심은 신애를 더욱 힘들게 했다. 교회는 원수를 용서함으로써 고통에서 놓여나게 되고 하나님이 주는 평안에 이르게 된다고 가르쳤다.

신애는 고뇌했다. 남편에 이어 아들까지 잃고, 온전한 정신으로는 단 하루도 버티기 힘든 일상에서 용서를 한다면 그 아픔이 조금은 나아질까 싶기도 했다. 신애는 살해범을 용서하기로 결단하고 교도소에 가서 면회를 신청했다.

살아가면서 이런 일은 없어야 하건마는 신애의 운명은 참으로 안타깝다. 고난을 디딤돌 삼아 일어서려는 신애의 처절한 몸부림은 관객들의 가슴을 찧는다.

교도소 면회실에서 신애는 도섭과 유리 칸막이를 사이에 두고 마주 앉았다. 숨막히듯 긴장이 잠시 흐르고 서로 어렵게 대화를 이어가는 중에 박도섭의 입에서 뜻밖의 말이 나온다.

"얼마나 감사한 일입니까?

하나님이 이 죄 많은 놈에게 손 내밀어 주셨습니다. 그 앞에 엎드려 지은 죄를 회개하게 하셨습니다. 회개하니 하나님은 저의 죄를 용서하여 주었습니다!"

도섭이 교도소에 있는 동안 예수를 믿게 되었던 것이다. 가해자 박도섭이 피해자인 자신과 같이 기독교인이 되었다는 현실도 신애는 얼른 납득이 되지 않았다.

"하나님이 죄를 용서해 주셨다고요?"

"예 눈물로 회개하고 용서받았습니다!"

신애 앞 유리 칸막이 너머 박도섭은 주저주저하면서도 말을 이어나간다.

"눈물로 회개하고 용서받은 후 마음의 평안을 얻었습니다. 예수 믿은 후 매일 아침 일어나자마자 기도하고 시작하니, 하루하루가 얼마나 감사한지 모릅니다! 하나님께 회개하고 용서받으니 이렇게 마음이 평안합니다."

"…?"

"오늘 이렇게 직접 만나게 된 것도, 저의 기도에 대한 하나님의 응답이라고 생각됩니다."

신애의 머릿속은 혼란 속에서 뒤죽박죽이 되었다. 이 현실이 도대체 어떤 의미인지 가늠할 수 없었다. 먼저 떠난 남편과 아들이 동시에 떠올랐다. 남편이야 이 자와 상관이 없지만 아들은 지금 자기 눈앞에 있는 박도섭의 손아귀에서 비명을 지르며 숨을 거뒀다. 그 생각을 하니 온 몸이 진동하듯 부르르 떨려 왔다. 숨이 막히고 말을 이어갈 수 없다.

참아내는 일에 많이 익숙해졌다고는 하지만 신애에게는

이 순간만큼은 견딜 수 없었다. 무어라 말도 제대로 하지 못하고 얼굴이 파랗게 질린 채 면회를 마쳤다. 교소를 빠져나온 신애는 길바닥에 주저앉아 통곡한다.

"그 사람은 이미 용서받았대요! 그런데, 내가 어떻게 그 사람을 용서하냐고요?"

신애에게 일곱 번을 일흔 번이라도 용서하라는 예수의 언설은 너무나 잔인하다. 잔인하다기보다는 이 현실이 신애에게는 너무나 모질고 낯이 설다.

영화는 이러한 신애에게 닥친 설상가상의 현실을 클로즈업한다. 신애를 교회로 인도한 장로가 은근히 추태를 보이기 시작한다. 밀양 읍내에서 믿음 좋고 신망이 두텁기로 소문난 장로가 언젠가부터 신애를 성도가 아닌 여자로 보고 은근히 추파를 던지기 시작했다.

영화가 시작되면서부터 등장하여 나름의 진실한 사랑으로 접근하는 카센타 사장 종찬의 태도도 신애에게는 버겁기만 한 판에 신애는 이 고통을 어떻게 헤쳐 나갈까?

영화 밀양은 2007년 칸 영화제에서 여우주연상을 획득했다.

감독 이창동은 그 즈음에 묵직하게 한마디 했다.

"우리가 살아야 할 의미는 하늘이 아니라 두 발을 딛고 서 있는 이 땅에 있다는 것을 '밀양'을 통해서 말하고 싶었다."

밀양의 시나리오 속에서 신애가 진정한 기독교인이 되었

는가에 대한 논란의 여지는 있지만, 가해로 인한 고통이 오롯이 피해자의 몫이라는 냉엄한 현실은 기독교인이라 해서 비기독교인과 차이를 보이지 않았다. 고통은 기독교인과 비기독교인을 가리지 않는다.

현직 여검사와 그를 성추행했다는 퇴직 검사와의 분쟁은 오래전 영화 한편의 주제를 세상으로 다시 꺼내 오면서 세상 사람들의 이목을 기독교 사상으로 주목시켰다.

고래 싸움에 새우 등 터진다는 속담이 얼른 떠오른다. 이 경우에는 새우 싸움에 고래 등 터진다고 해야 할지도 모른다. 자연인 두 사람의 갈등 구조가 기독교의 교리를 세상의 심판대 위로 끄집어냈으니 말이다. 그러나 기독교에서는 한 생명이 천하보다 귀하다 했다. 천하보다 귀한 두 생명의 싸움에 기독교가 아픔을 겪어야 하는 것은 어찌 보면 당연하다. 고래 싸움에 새우 등이 터지는 법이다.

섬마을 선생님

　예부터 예술가들은 소설보다 현실이 더 소설 같고, 영화보다 현실이 더 영화 같도록 꾸며내는 재주를 발휘한다. 엄밀히 말하면 이러한 현실을 바탕으로 예술 활동을 펴나간다고 해야 맞을 것이다. 영화를 비롯한 예술이 현실을 짚어내고 때로 예언적으로 발생 가능한 사건에 대하여 정형화하여 선포하기도 한다.

　그런데 간혹 예술이 빚어낸 아름다움이, 세상에서는 가장 추한 사건에 결부되는 일도 없지 않다. 한국의 근대화 과정에서 온 국민의 심금을 울리며 애환을 달래주었던 60년대 가요 한 곡을 들어 보자.

섬마을 선생님

이경재 작사, 박춘석 작곡, 이미자 노래

해당화 피고 지는 섬 마을에

철새 따라 찾아온 총각 선생님

열아홉 살 섬 색시가 순정을 바쳐

사랑한 그 이름은 총각 선생님

서울엘랑 가지를 마오 가지를 마오

구름도 쫓겨 가는 섬 마을에

무엇하러 왔는가 총각 선생님

그리움이 별처럼 쌓이는 바닷가에

시름을 달래보는 총각 선생님

서울엘랑 가지를 마오 떠나지 마오

　노랫말만 들어도 한 송이 해당화처럼 청순하고 가련한 섬 색시의 풋 가슴 첫사랑이 절절하게 다가온다. 임금과 스승과 아버지는 일체(君師父一體)라 해서 스승의 그림자도 밟으면 안 된다고 가르치고 배우던 시대, 육지와는 거리를 두고 섬 안에서 바닷바람 맞으면서도 순정을 간직한 섬 처녀의 처연하리만치 아름답고 지순한 사랑이 아슴아슴 다가와 한국인의 심금을 울리고 섬에 대한 동경심을 한껏 끌어올린다.

섬마을 선생님에 대한 애틋한 사랑 노래를 흥얼거린 지 반세기가 흘렀다. 섬마을 선생님에게 어떤 일이 일어났는가. 50년 전만 해도 여교사는 드물었다. 더욱이 섬마을 작은 학교에 근무하는 여선생님은 상상하기 어려웠다. 그러나 급속한 산업화와 한국의 경제 부흥은 엄청난 변화를 가져왔다. 교사 중 여교사 비율이 반을 넘긴 지는 이미 오래고, 섬마을에도 여교사가 발령을 받고 가서 아이들을 가르쳤다.

50년 전 대중가요 가사 속의 섬마을 학교에 한 여교사가 부임했다. 그 여교사를 바라보고 마음이 동한 사람들은 섬 처녀가 아니라 그 마을에 사는 중장년 남성들이었다. 가정을 가졌고 자녀들을 그 여교사가 가르치는 학교에 보내는 학부형이기도 했다. 그들 중 몇몇이 여교사를 성폭행하는 사건이 터졌다.

이 사건은 지난 반세기 동안 스승에 대한 권위가 어디까지 추락했는지 그 민낯을 여과 없이 드러내고 한국 사회를 통째로 흔들었다. 한국은 급속한 산업화로 경제 대국 반열에 올랐지만 얻은 만큼 잃은 것이 너무 크다는 안타까움이 있다. 존경의 대상을 성폭행의 대상으로 추락시킨 것은 분명한 퇴보다.

경제의 발전이 도덕의 발전을 수반할 수는 없는 것일까?

경제 발전의 가파른 상승곡선 아래로 귀한 가치들이 줄줄이 새나갔다. 검찰은 가해자들이 의도적으로 여교사에게 술을 권하여 인사불성이 되도록 유도하고, 사전에 성폭행을 공모하지 않았는지 밝히는 데 주력했다. 그리하여 최종적으로 세 사람에게 각각 15년, 12년, 10년의 실형이 선고되었다.

가해자들이 섬이라는 환경에서 나름대로 가정을 이루고 살아가는, 어찌 보면 평범한 이웃일 수도 있는데, 한 번의 성폭력으로 너무나 과도한 형을 받은 것은 아닌가 하고 의아하게 생각하는 이들도 없지 않다. 그러나 이 판결은 성폭행으로 인한 법의 심판이 이렇게 준엄할 수도 있음을 한국 사회에 각인시켰다.

가수 이미자 씨는 '섬마을 선생님'도 불렀지만, 비슷한 시기에 섬의 이름으로도 노래를 남겼다. '흑산도 아가씨'다. 이 노래에서는 육지를 바라보며 한없이 동경하는 섬 색시를 노래했다. 흑산도 아가씨, 섬마을 선생님이 불려진 지 반세기가 지난 2016년에 섬마을 선생님이 학부형을 포함한 세 사람의 남성에게 성폭력을 당했다.

강권하다시피 하는 술잔을 처음에는 사양했으나 한잔 한잔 받아 마시다가 나중에는 인사불성이 되었다. 얼마 후 의식을 찾고 보니 숙소인 학교 사택 자기 침실이었고, 자신의 몸에 심각한 일이 있었음을 직감하고 차분하게 대처하여 가해자들이 남긴 증거 손실을 막았다고 했다. 여선생님은 이 일을 자신과 교제하는 남자친구에게 솔직하게 고백하고 남자친구가 사회관계망(SNS)에 내막을 공개했다. 대리 미투인 셈이다. 이를 계기로 그 사건에 대한 경찰의 조사가 시작되었다.

17.

어느 여학생의 미투

수삼 년 전 그날 저녁에도 교회의 목양실에서 여느 날과 다름없이 설교 준비를 하고 있었다. 밤이 이슥해져 갈 무렵 여자의 울음소리가 간헐적으로 들려왔다. 목양실은 예배실 곁으로 이어낸 곳이어서 방음장치가 허술했다. 평소 이웃에서 부부싸움하는 소리까지 다 들렸다.

그날도 또 어떤 이웃집에서 부부싸움을 하나보다 하고 설교 준비에 집중하고 있었다. 그러나 여자의 울음소리가 예사롭지 않았다. 흐느끼는 듯하면서도 울음의 꼬리가 이상할 정도로 길게 떨었다. 섬뜩한 기분이 들었다. 한밤중에 들리는 여성의 비통한 울음에는 소름이 돋는다. 목양실 바깥으로 나가 봤는데 소리가 들려오는 방향을 가늠할 수 없어서 되돌아 왔다.

이후에도 처절한 울음소리가 이어질 듯 끊어지다가 다시 이어지고는 했다. 그때 마침 목양실에 붙어 있는 화장실을 갔는데 화장실 창문 너머로 울음소리가 분명하게 들렸고 우는 여성의 주변에서 두런거리는 소리도 들려왔다. 얼른 랜턴을 들고 목양실을 나와 화장실 뒤편으로 돌아가 봤다.

교회 목양실과 인접한 원룸 사이에는 어깨 아래 높이의 블록 담장이 쳐져 있었다. 담장 너머 원룸 앞 주차장터에는 원룸에 사는 노인네들이 커다란 플라스틱 통에 흙을 채워 고추며 상추를 심었다. 그래서 자동차가 주차를 못하고 비워진 공간이 되어 있었다.

바로 거기에 한 여성이 드러누워 있었고 옆에서 한두 명은 서성거렸고 또 몇은 드러누운 여성 곁에 둘러앉아 있었다. 조명이 없어서 어스름했고 겨울이어서 몹시 추운 날이었다. 비추던 램프를 얼른 끄고 이 교회 목사라고 밝히면서 어찌된 일이냐고 조심스럽게 물었다.

"괴한에게 성폭력을 당했나 봐요!"

목사라고 신분을 밝히면 대부분의 사람들은 신뢰를 보이며 솔직하게 대답한다.

"자세히는 모르겠어요! 저희들도 지금 도착했는데, 어찌된 건지 잘 몰라요!"

"어쨌든 날씨가 이렇게 추운데 얼른 일으켜야지요! 바닥이 얼음일 텐데!"

"자기 몸에 손을 못 대게 해요!"

우는 여성은 대학생이었고, 옆에 있는 이들은 함께 술을 마시던 친구들이다. 그날 동아리 모임을 마치고 지도교수와 함께 뒤풀이로 열댓 명의 남녀 대학생들이 교회에서 멀지 않은 음식점에서 식사를 하고 맥주 집으로 옮겨 술을 마시고 있었다고 했다.

피해를 당한 여학생이 화장실을 간다면서 나갔는데 한참이 지나도 되돌아 오지 않아 몇몇이 찾아 나섰다가 이곳에서 흐느끼는 친구를 발견한 것이다. 친구들이 이름을 부르면서 어깨를 잡고 일으키려 했으나, 온몸으로 진저리를 쳤다.

"내 몸에 손 대지마!"

날카로운 비명처럼 외쳤다.

"엄마 나 이제 어떻게 해!"

사람의 목소리가 아니었다. 다가간 친구들의 질문에 대답은 하지 않고 술기운에 의식을 잃어 가다가도 무언가 생각난 듯 괴성을 냈다.

"엄마 나 이제 어떻게 해!"

낮으면서도 처절하게 되뇌었다. 겉옷이라도 벗어서 덮어 주든지 바닥에 무엇이라도 깔아야 될 거 아니냐고 하자, 한 친구가 자기 옷을 벗어서 위에 덮어 주었다.

"내 몸에 손대지 마!"

자기 몸을 덮은 친구의 패딩점퍼를 걷어내 던진다.

"엄마 나 이제 어떻게 해!"

같은 말만 반복했다.

여학생의 부모는 시골에 계셔서 지금 연락해 봐야 올 수도 없다고 했다. 경찰에 신고했냐고 물었더니 아직 안 했다고 지금 곧 해야 될 것 같다고 대답했다. 그 옆에 서 있어 봤자 어떤 도움도 줄 수 없었다. 목양실로 돌아와서 경찰에 신고했다. 전화를 받은 경찰이 몇 가지 질문을 한다. 처음 비명이 들린 시간부터 현재의 상황을 생각나는 대로 대답해 줬다.

얼마 지나지 않아 경찰차가 출동을 했고, 온 동네 사람들이 다 나와 골목 어귀에서 경찰들의 어깨너머로 사건의 내막을 궁금해 했다. 경찰들은 피해 여학생을 한참을 구슬러 구급차에 태워 병원으로 보내고 가해자 색출을 위한 탐문 수사를 잠깐 하고 돌아갔다.

그날 밤 간간이 들렸던 여성의 울음이 성폭행을 당하면서 낸 비명이었다고 생각하니 자책감이 들기도 했다. 사건의 현장에서 목양실까지는 직선 거리로 채 십 미터도 안 되는 거리였다. 조금 일찍 알았더라면 방지할 수도 있었을 것이라는 생각에 안타까웠고, 무엇보다도 피해 여성이 차디찬 바닥에 누워 반복하던 말,

'내 몸에 손대지 마!'

'엄마 나 이제 어떻게 해!'

이 두 마디의 의미를 생각했다.

그렇게 누워 있던 여학생의 모습은 '죽음' 자체가 아닌가 하는 생각이 들었다. 여성이 당하는 성폭력이 어떤 의미일 수가 있는지 그날 밤 약간이나마 알게 되었다.

다음날 해당 파출소를 방문했다. 제과점에서 케익 하나 사들고 찾아가서 자초지종을 이야기했다.

"목사님이라서 다르네요!"

경찰관이 차 한 잔을 내밀었다.

피해 여학생이 어떻게 되었냐고 물었더니 바로 종합병원에 입원해서 치료도 받고 사건 처리를 위한 여러 가지 조치를 하고 있는데 범인이 새벽에 밝혀져 체포되어 조사를 하고 있다고 했다.

범인은 함께 술을 마시던 일행 중의 한 남학생이었다. 그날 밤 경찰들은 함께 술을 마시던 지도교수는 물론 모든 학생들을 다 불러들였는데, 유독 한 남학생만 찾을 수 없었다. 이를 수상히 여겨 그 남학생을 긴급수배하여 잡고 보니, 화장실에 간다고 비틀거리며 일어서는 피해 여학생을 뒤따라 나간 남학생으로, 여학생을 유인하여 범행했다.

그런데 기막힌 것은 그 남학생과 사귀는 여학생도 같은 동아리 멤버로서 그 자리에 합석하고 있었다는 것이다. 경찰이 한마디를 덧붙였다.

"그 여대생, 술이 떡이 되어 있었어요!"

파출소를 나오는데 그 한마디가 뇌리에 맴돌았다.

마치 피해 여학생이 얼마나 조신하지 못하게 굴었으면 가해 남학생이 자기의 여자 친구도 있는 자리에서, 욕정이 발동했겠느냐는 의미처럼 들렸기 때문이다. 우리 사회에서 술이 떡이 되게 마시는 일은 남성들에게는 관대하고 여성에게는 허물이 될 수도 있다. 며칠 후 그 골목에는 방범보안용 폐쇄회로 카메라가 전봇대에 설치되었다.

제4부

B.C. 1000
다윗의 죄와 벌

18. 다윗을 찾아 온 나단
19. F-Type 세겜, I-Type 얍논
20. 아히도벨의 패착
21. 다윗의 회개
22. 다윗의 죄와 벌

18.

다윗을 찾아 온 나단

다윗에게 왕비가 한 명 더 늘었다.

다윗은 왕이 되기 전부터 아내가 있었고 왕이 된 후에도 왕비의 숫자가 수시로 늘어났다. 다윗이 왕비를 추가하는 일은 습관에 가까웠다. 밧세바가 왕비가 된 일이 밧세바에게는 일생일대의 중대사였지만 다윗에게는 가끔 일어나는 소소한 일상이었다. 그러나 밧세바를 취한 일은 예삿일이 아니다.

다윗은 밧세바가 임신한 것을 교묘히 감추려고 전쟁터에 있는 우리아에게 특별 휴가를 주어 귀향시켰다. 부부 사이의 자연스런 임신으로 가장하기 위해서였다. 그러나 우리아는 휴가 기간 내내 아내 밧세바와 한 방을 쓰지 않았다. 다윗은 휴가를 마치고 귀대하는 우리아를 궁 안으로 호출했다.

"이 봉함 밀지를 군사령관 요압에게 전하거라!"

"네, 전하!"

"군사령관 외에 그 누구도 보아서는 안 되느니라!"

"전하의 뜻에 한 치의 착오도 없도록 전하겠습니다!"

우리아가 깊숙이 품고 귀대하여 요압에게 전한 다윗 왕의 밀지에는 비밀 코드가 있었다. 요압은 우리아로부터 밀지를 받아 읽고 비밀 코드를 단박에 해독했다. 요압은 우리아를 불러 용맹을 칭찬해 주고 다음날 전투에 선봉에 서도록 했다.

암몬의 화살 공격이 비 오듯 했다. 선봉에 선 우리아를 포함하여 몇몇 사람이 전사했다. 요압은 예루살렘 성으로 전황 보고서를 보내면서 전령에게 일렀다.

"왕이 혹시 작전이 나빴다고 책망하거든

'왕의 종 헷 사람 우리아도 죽었나이다!' 하거라."

다윗은 요압의 보고를 받고 밧세바를 왕비로 맞아들였다. 왕의 측근에 있는 이들 모두 자기 임무에 충실할 뿐 다윗 왕의 부도덕을 입에 올리지 않았다. 모두가 죄에 둔감했다.

하나님도 그러실까?

다윗의 죄악상을 손금 보듯 알고 있는 하나님은 자기의 선지자 '나단'을 다윗에게 파송한다. 나단은 하나님의 특명을 받고 왕궁을 향한다. 왕을 만나 어떻게 왕의 범죄를 설명하고 왕이 자기 범죄를 순순히 인정하고 하나님 앞에 무릎 꿇게 할 수 있을지 생각을 가다듬었다.

나단은 수사법(修辭法)에 능통한 인물이었다.

대화를 어떻게 풀어가야 상대를 제압할 수 있는지 알고 있었다. 그러나 상대는 절대 권력자 왕이다. 자칫 말을 잘못 꺼냈다가는 목숨을 잃을 수도 있다.

다윗을 알현한 나단은 시치미를 뚝 떼고, 비유 이야기 하나를 시작했다.

"어느 고을에 두 사람이 있었습니다. 한 사람은 가난뱅이고 한 사람은 대단한 부자입니다. 어느 날 그 부잣집에 손님이 왔습니다. 부자는 자기가 가진 많은 재물과 자기 소유의 가축 중 한 마리를 잡아서 손님을 접대하자니 아까운 생각이 들었습니다. 마침 가난한 집에 그동안 도움을 준 일도 몇 차례 있었다는 것을 떠올리고, 구실을 붙여 가난한 자가 애지중지하면서 키우는 새끼 암양 한 마리, 그것은 가난한 자의 전 재산이었습니다. 부자는 그 새끼 암양 한 마리를 빼앗아다가 그 양을 잡아 음식을 만들어 손님을 접대했습니다!"

나단 선지자가 여기까지 얘기를 들려주었을 때, 다윗은 노발대발했다.

"내가 하나님께 맹세하노니 자기의 아흔 아홉 섬을 아끼고, 가난한 자의 한 섬을 취한 그 자는 마땅히 죽어야 하리라!"

한 나라를 공의로 다스리는 왕이라면 이렇게 반응하는 것은 너무나 자연스럽다. 노발대발하는 왕을 한참 쳐다본 후에 나단이 조용히 말을 이었다.

"전하가 바로 그 사람입니다!"

이게 웬 말인가, 자신이 바로 그 사람이라니, 다윗은 순간 머릿속이 하얘졌다. 나단 선지자의 얼굴을 쳐다봤다. 왕 앞에서 갖추어야 할 자세를 잃지 않으면서도, 결연한 의지가 꾹 다문 입가에 서려 있다.

'지금 왕께서는 하나님 앞에 서 있음을 상기하소서!'

무언중에 전해 오는 메시지다.

다윗은 자기가 저지른 일로 말미암아 지금까지의 평안이 일거에 사라지고 세상이 온통 자기로부터 등진 허허벌판에 서 있는 듯했다.

마음이 끌리는 대로 창문 너머 알몸 여인을 한참 바라봤다. 침을 꼴깍 삼키다가 측근에게 가서 누군지 알아보라고 했다. 마침 남편이 집에 없다 하니 불러다 품기에 안성맞춤이었다. 말 한마디면 쉽게 되는 일이었다. 그리고 수태되었고, 수습을 위해 우리아를 희생시켜야만 했다. 그때는 별 고민도 하지 않고 솟구쳤던 그녀가 바람을 가르며 아래로 내려오고 다시 위로 차오르듯 대수롭지 않게 마무리하고 여인 밧세바를 왕비로 삼았다.

이러한 행동의 마디마디에서 '이렇게 해도 되는 걸까'라는 의문을 품은 적도 없었다. 심사하고 숙고할 사안도 아니라고 여겼다. 여자도 의당 그러리라 했다. 감기 걸려 코가 찍찍할 때 한쪽 콧구멍을 막고 팽하니 풀어내듯이 그렇게 했다.

자기의 붓끝에서 몇 사람이 죽어나가는데도 습관처럼 일필휘지했다. 이 명령이 부당할 수도 있다는 검토도 없었다. 이로 인해 여론이 나빠질 수 있다는 예측 따위도 안했다. 그저 맛있는 팥죽 한 숟가락 떠먹는 것처럼 꿀꺽 삼키고 쓱쓱 입을 닦았다. 잠에서 깨어 눈꺼풀을 위로 밀어 올리듯이 그렇게 했다.

그랬었는데 나단의 한마디, "전하가 바로 그 사람입니다."

이 소리를 듣는 순간 물두멍 가득한 얼음덩어리들이 일시에 머리 위로 쏟아져 내리고, 천둥 번개가 자기 상투 위에서 "콰르릉!"하고 내리쳤다. 왕복을 입은 채 옥상에 천천히 걸어 오를 때부터 지금에 이르도록, 자기의 말 한마디 한마디, 행동거지 한 땀 한 땀, 땀마다 있어야 했던 그 의미들이 뱀처럼 불쑥불 고개를 처들어 올렸다. 자기 혀끝과 붓끝에서 죽어나간 자들의 생명이 비로소 의미를 갖고 다가왔다.

꽃으로 피어나야 할 의미들을 무심히 밟아버린 발자국이 죄의 흔적이다.

짓밟혔다고 해서 그 의미들이 흙 속에 묻혀야 한다면 그것도 폭력이다. 아주 짧은 순간, 다윗의 성찰은 전광석화와도 같았다. 자기가 밟아 뭉갰던 의미들을 하나도 빠뜨리지 않고 되살려냈다. 자기가 찍은 죄의 발자국을 직시했다. 굳이 나단 선지자의 책망을 더 듣지 않아도 다윗은 자기 죄를 낱낱이 알아차렸다. 그러나 죄는 깨달았다고 해결되지 않는다. 죄에 대한 응분의 대가를 치러야 한다. '당신이 그 사람이라'에 속사포처럼 나단 선지자의 책망이 이어진다.

> 이스라엘의 하나님 여호와께서 이와 같이 이르시기를,
> 내가 너를 이스라엘 왕으로 기름 붓기 위하여
> 너를 사울의 손에서 구원하고,
> 네 주인의 집을 네게 주고,
> 네 주인의 아내들을 네 품에 두고,
> 이스라엘과 유다 족속을 네게 맡겼느니라!
> 만일 그것이 부족하였을 것 같으면
> 내가 네게 이것저것을 더 주었으리라!
>
> 그러한데 어찌하여,
> 네가 여호와의 말씀을 업신여기고,
> 나 보기에 악을 행하였느냐?

네가 칼로 헷 사람 우리아를 치되 암몬 자손의 칼로 죽이고,

그의 아내를 빼앗아 네 아내로 삼았도다!

이제 네가 나를 업신여기고

헷 사람 우리아의 아내를 빼앗아 네 아내로 삼았은즉,

칼이 네 집에서 영원토록 떠나가지 아니하리라 하셨고,

여호와께서 또 이와 같이 이르시기를,

보라! 내가 너와 네 집에서 재앙을 일으키고,

내가 네 눈앞에서 네 아내를 빼앗아 네 이웃들에게 주리니,

그 사람들이 네 아내들과 더불어 백주에 동침하리라!

너는 은밀히 행하였으나,

나는 온 이스라엘 앞에서 백주에 이 일을 행하리라

하셨나이다 하니 (삼하 12:7~12).

나단 선지자가 다윗 왕 면전에서 쏟아낸 말이다.

다윗이 이 위기를 뛰어넘고 없었던 일처럼 처리하고자 한다면 방법이 없지는 않았다. 지엄한 왕의 권위를 농락했다는 죄목을 씌워 그 자리에서 나단을 내칠 수도 있다. 나단에게 논리의 비약이라는 죄목을 씌울 수도 있다. 이도 저도 아니라면 '배꼽 아래의 일'로 치부하고 눙치는 수도 없지 않다. 아니면

사울 왕처럼 왕의 체면을 봐서라도 한번 눈감아 달라는 읍소의 길도 있다. 그러나 다윗은 그 여러 가닥의 길을 다 물리치고 딱 한 길을 택했다.

> 다윗이 나단에게 이르되
> 내가 하나님께 죄를 범하였습니다(삼하 12:13).

즉석에서 자복했다.
다윗의 자기 죄 깨달음과 죄를 인정하기는 전광석화와 같았다. 자기 죄를 지적해 줄 때 반박하지 않고 순순히 들어주기도 쉬운 일이 아니다. 더욱이 상대의 지적에 옳다고 동의하며 자기의 죄를 시인했다. 그럼에도 나단의 저주에 가까운 징벌 예고는 아직 더 남아 있었다.

> 나단이 다윗에게 말하되
> 여호와께서도 당신의 죄를 사하셨나니
> 당신이 죽지는 아니하려니와
> 이 일로 말미암아
> 여호와의 원수가 크게 비방할 거리를 얻게 하였으니
> 당신이 낳은 아이가 반드시 죽으리이다(삼하 12:13~14).

19.

F-Type 세겜, I-Type 암논

"칼이 네 집에서 영원토록 떠나가지 아니하리라"

나단 선지자가 다윗에게 예고한 재앙의 말 중 첫 마디다. 들기만 해도 소름끼치는 말이다. 이 말은 다윗의 집안에 어떤 일을 예고한 것인가.

밧세바가 다윗의 왕비가 되고 난 후 여러 왕비가 낳은 자녀가 상당히 많았다. 그들 중에 장남이 '암논(Amnon)'이다. 암논은 배다른 동생 '타마르(Tamar)'를 연모했다. 아브라함과 사라가 그랬듯이 배가 다르면 남매 간에도 결혼하는 일이 많았으니 암논의 짝사랑을 잘못이라고 단정할 수는 없다.

암논이 자기의 연정을 알 리 없는 타마르를 바라보는 것은 괴로웠다. 어떻게 해서든지 그녀를 향한 사랑을 전하고 하루속히 짝이 되고 싶은 마음 간절했다. 이런 속내를 눈치챈 암논의 친구가 한 가지 꾀를 냈다.

암논이 칭병하고 누우면 당연히 아버지 다윗 왕이 문안을 올 것이다. 그때 아버지에게 타마르가 해 주는 떡을 먹고 싶다고 말하라고 했다. 그래서 타마르가 암논의 처소에 오면 그때 '물꼬'를 내라고 귀띔했다. 암논은 친구의 조언대로 했다. 드디어 타마르가 떡을 만들 준비를 하고 암논의 처소에 들어왔다.

암논은 발정한 수캐처럼 앞뒤를 잴 것도 없이 타마르의 손목을 잡아끌었다. 침실에 눕혀진 타마르는 오라버니에게 통사정했다. 부왕에게 정식으로 청해서 결혼할 수도 있으니 자제하고 순서를 밟자고 빌었지만 암논의 귀에 들리지 않았다. 기어이 성폭행했다. 문제는 그 다음이었다.

타마르의 몸을 한번 가진 암논의 감정이 급격히 변했다. 이전의 사랑하던 마음이 육체관계 후 아주 깊은 증오심으로 뒤집어졌다. 타마르가 옆에 있는 것조차 싫어졌다. 암논은 타마르를 그 즉시 내쫓고 문빗장을 질렀다.

타미르는 재와 티끌을 머리 위로 던져 뒤집어쓰고, 고운 채색 옷을 찢고 머리를 풀어헤치며 크게 울부짖었다. 타마르의 이런 행동은 부모상을 입은 상주가 하는 의례다. 창졸간에 황망한 꼴을 당한 타마르의 돌발적인 이 행동은 여자의 정절이 생명과 직결됨을 시사한다.

타마르에게는 동복 오라버니가 있었다. 그 이름이 압살롬이다. 압살롬은 자기 여동생이 배다른 형 암논에게 당한 치욕을 묵과하지 않겠다고 다짐한다. 이때로부터 800여년 전에 일어났던 '디나를 겁탈한 세겜 사건'을 떠올리게 한다. 그때도 디나의 동복 오빠들이 분노를 제어하지 못하고 세겜 족속의 씨를 말렸다.

압살롬은 디나의 오빠들보다 한층 주도면밀했다. 속으로 복수의 칼을 품고 이태를 참고 기다렸다가 디데이를 잡았다. 자기가 치는 양의 털을 깎는 날이다. 양의 털을 깎는 날은 잔치를 했다. 한 해 농사의 수확이기 때문이다. 이 날을 기해서 압살롬은 아버지 다윗 왕에게 한 가지 청을 넣었다.

양의 털을 깎는 날에 모든 왕자를 자기의 처소로 초청하여 잔치를 하게 해 달라고 주청했다. 다윗 왕은 무심코 허락했다. 압살롬은 형제들에게 술을 잔뜩 먹여 취하게 한 다음 심복을 시켜 암논을 살해했다. 그리고 멀리 달아났다. 선지자 나단이 다윗에게 예고한 '집안의 칼'이다. 다윗은 자기의 부주의를 탓했지만 이미 엎질러진 물이었다.

성경은 인간의 속성을 전형화하여 드러낼 때가 있다.

타마르와 암논 치정 사건과 800년 전 디나와 세겜 사건을 유심히 볼 필요가 있다. 여성을 성폭행한 이후 남성의 심리 변화의 극단적인 사례를 대비시키고 있다.

타마르를 성폭행한 암논은 이전의 뜨거웠던 연모의 정

이 갑자기 얼음처럼 차가워졌다. 이런 스타일을 얼음 타입(Ice Type)이라 할 수 있다. 'I-타입'으로 명명하자. 이에 반하여 디나를 겁탈한 세겜은 이전에 없었던 뜨거운 연모의 정이 활활 불타올랐다. 불 타입(Fire Type)이라 하겠다. 'F-타입'이라 하자. 'I-타입'의 상징은 암논이고, 'F-타입'은 세겜이다.

남녀의 성적인 교합은 단순히 끝나지 않고 이렇듯 심리의 급격한 변화를 가져올 수 있다. 그 양극단에 'F-타입'과 'I-타입'이 자리하고 중간에 스펙트럼을 이룬다. 성관계가 평온한 중에 이뤄지지 않았을 경우 남성의 심리 변화는 극에서 극으로 치달을 수 있다. 물론 중간의 형태도 있다.

다윗이 밧세바를 성폭행한 이후를 보자. 다윗은 밧세바와 성관계를 가진 이후 별다른 변화가 없었다. 밧세바의 남편 우리아에게 특별 휴가를 주어 귀향시켰다는 것은 밧세바를 특별히 사랑하거나 미워하거나 하지 않았음을 나타낸다. 만일 우리아가 휴가 중 밧세바와 동침했더라면 다윗과 밧세바와의 관계는 거기서 멈췄을 수도 있다.

다윗과 밧세바 사건으로 선지자 나단이 예고한 재앙의 서막이 올랐다는 것이 안타깝다. 여동생 타마르의 원수를 갚고 외가로 도망친 압살롬의 다음 행보가 또 주목을 끈다.

20.

아히도벨의 패착

성서에는 밧세바의 친할아버지가 나온다. 아히도벨이다.

아히도벨은 다윗과 같은 유다 지파에 속한 인물로서 신앙심이 깊을 뿐 아니라, 사려 깊고 두뇌회전이 빨라 다윗의 측근에서 정책을 결정할 때마다 자문해 주는 일급 참모로 고용되어 다윗을 도왔다. 아히도벨은 이스라엘의 지도자가 다윗이라는 것에 대해, 하나님이 이스라엘을 깊이 사랑하신 것으로 여기며 신앙심과 충성심을 다하여 다윗을 보필했다.

그런데 뜻하지 않은 일이 발생했다. 수염 전쟁 말기 다윗이 밧세바를 겁탈한 사건이다. 그동안 아히도벨은 전술 전략 참모로서 다윗 왕을 보필하면서 왕의 '배꼽 아래의 일'에 대해서는 되도록 관심을 갖지 않았다. 그러나 이번에는 상황이 다르다. 밧세바는 자기의 친손녀다.

아들 '엘리암'이 장가들어 손녀 밧세바를 안겨 주었을 때의 감격은 떠올리기만 해도 흐뭇했다. 동서고금을 막론하고 손주가 조부모에게 주는 기쁨은 젊어서 낳은 자녀가 주는 기쁨을 능가한다.

밧세바가 건강하게 잘 자라서 우리아를 손주 사위로 맞이할 때도 온 집안이 얼마나 기뻐했던가, 제 남편 우리아를 바라보는 밧세바의 행복 가득한 그 눈빛을 보면서 얼마나 감사했던가, 그랬는데 다윗 왕이 손녀를 건드려 임신시키고 천부당만부당하게도 사주하여 손주 사위를 전쟁터에서 죽음으로 내몰고 밧세바를 왕비로 들였다.

이 사태를 바라보면서 아히도벨은 그동안 자신이 가졌던 신념에 금이 가고, 절대적으로 감사하며 찬양했던 여호와 하나님에 대한 신앙조차 흔들림을 감지해야 했다.

아히도벨은 이런 아픔을 속으로 삭이면서 묵묵히 하던 일을 해 나갔다. 가끔 왕실에서 마주치는 손녀 밧세바의 표정을 보는 것은 할아버지 아히도벨에게 가슴을 에는 아픔이었다. '저 여린 것이 감당하기 힘든 고통을 견디면서 살고 있구나.'

가슴속으로 해 줄 수 있는 말은 한마디였다.

'아가야, 힘내거라! 그래도 이 할애비가 있다!'

물론 손녀딸이 왕비가 되었으니 간혹 맛보게 되는 권세의 달콤함도 없지 않았지만 아히도벨의 가슴은 숯검댕이 되어 갔다. 세월이 흐르면서 밧세바는 왕자들도 낳고 살았지만 할아버지가 보기에 손녀 밧세바의 얼굴에 드리운 그늘은 지워지지 않았다.

다윗 왕은 이후로도 온 백성의 칭송을 듣는 선정을 베풀었다. 아히도벨은 그런 태평성대를 전처럼 흡족한 시선으로 바라볼 수 없었다. 온 백성이 승전가를 부를 때에도 동화되지 못하고 군중 속의 고독을 맛봐야 했다.

'이것이 온당한 기쁨일 수 있단 말인가?'

아히도벨은 의심했다. 다윗 왕 치세의 이스라엘은 태평성대를 구가했지만 다윗 왕실은 바람 잘 날 없었다. 급기야는 아들의 반란이 일어났다. 그 아들이 압살롬이다. 압살롬은 동복누이 타마르가 이복 형 암논에게 성폭행당하고 쫓겨난 일에 끔찍하게 앙갚음했었다. 암논을 살해하고 외가로 피신했다가 반역을 도모했다.

압살롬은 차근차근 국민의 마음을 미혹했다. 어느 정도 자신에게 민심이 기울었다는 판단이 서자, 아버지에게 반역의 칼을 빼들었다. 어느 역사에서고 반역에 가담한 측근의 운명은 똑같다. 반역이 성공하면 충신이 되고, 실패하면 역적이 된다. 아히도벨도 두 길 중 한 길을 선택해야 하는 지경에 봉착했다. 아들 편에 설 것인지 아버지 편에 설 것인지.

아히도벨은 여기서 아들 압살롬 편으로 발길을 돌렸다.

압살롬의 반역은 분명히 하나님의 섭리에 의한 것이라는

나름대로의 신념이 아히도벨에게 있었다. 손녀 밧세바 사건으로 인한 멍울이 아히도벨의 선택에 영향을 끼쳤다. 여기에 자신이 압살롬을 도우면 반역에 성공할 수 있으리라는 자만심도 작용했다.

압살롬의 반란군 기세에 놀란 다윗은 왕궁을 버리고 요단강 동편으로 피난을 떠났다. 압살롬은 피 한 방울 흘리지 않고 예루살렘 왕궁을 점령했다. 왕궁에 들어가 보니 다윗의 왕비 열 명이 골방에 숨어 오들오들 떨고 있다. 밧세바가 없는 것이 천만다행이었다. 고대 시대 반역에 성공하면 왕권을 거머쥔 왕은 전 왕의 왕비들을 백주에 간음함으로써 왕권의 적통을 이어받았다는 선포식에 갈음했다.

아히도벨은 남아있던 다윗 왕의 왕비들을 모두 왕궁 옥상에 천막을 드리우고 그곳으로 올려 보내고, 압살롬으로 하여금 그녀들과 간통하도록 했다. 참으로 죄의 그늘이 악착같기도 하다.

바로 그곳을 거닐던 다윗 왕이 밧세바가 목욕하는 장면을 보고 욕정을 못 참아 범죄했던 것이다. 그 자리에서 아들 압살롬이 아버지의 후궁들과 공개리에 간통을 한다. 정치적 성폭행이다. 그러나 이것으로 반역에 성공하고 반란군 진영에 가담했던 중신들이 충신이 되기에는 아직 이르다. 지금은 피신했지만 다윗의 세력은 결코 만만하지 않다.

아히도벨은 압살롬을 재촉했다.

"나에게 군사를 주십시오! 특공대를 조직하여 다윗을 쫓아가겠습니다. 그들이 도망치느라 지쳐있을 뿐 아니라 경황없는 중에 질서도 엉망일 겁니다. 내가 지금 기습하여 다른 이들은 다 살려두고 다윗의 목숨만 취하여 돌아오겠습니다. 그리하면 이스라엘 모든 백성이 당신을 유일한 왕으로 섬길 것입니다."

아히도벨의 책략에 대해 압살롬은 물론 모든 중신들이 옳게 여겼다.

이때 머리를 조아리고 서 있는 중신 가운데 '후새'가 압살롬의 눈에 띄었다. 후새는 아히도벨과 쌍벽을 이루는 당대의 전술전략가였다. 압살롬은 아히도벨의 책략이 옳다고 여기면서도 후새에게 한번쯤 발언할 기회를 주어야 한다는 생각이 들었다. 성공에 대한 공로가 아히도벨에게 집중되는 것보다는 여러 중신들이 나눠 가지도록 하는 것이 왕으로서 바른 처세라고 생각했다.

"아히도벨의 전술을 들었는데, 후새의 생각도 듣고 싶소이다!"

"전하, 저의 생각은 다릅니다. 아시다시피 다윗 왕의 용사들은 그 용맹이 하늘에 사무치는 자들로서 그들의 위기의식은 지금 최고조에 달해 있습니다. 다윗 왕 또한 평생을 전쟁터에서 보낸 백전노장입니다. 그들은 틀림없이 오늘 밤 안으로 우리의 군사가 기습할 줄로 알고 있을 겁니다. 그들은 먼저 도착하여 지형지세를 이용하여 매복하고 있을 것이 틀림없습니다. 지금 급히 추격했다가 오히려 그들에게 역습을 당한다면 지금까지의 성공이 일순간에 물거품이 될 수도 있습니다!"

"듣고 보니 후새의 말에도 일리가 있소! 그렇다면 어떻게 하는 것이 좋을지 안을 내 보시오!"

"예루살렘 성을 정복하고 다윗 왕의 왕비들도 취하였으니 이제는 온 이스라엘 백성의 마음이 당신께 모이도록 여론을 조성한 다음, 전면전을 펼쳐야 합니다. 지금 다윗을 따르는 자들은 살려 두어서는 아니 됩니다. 그들을 살려 두는 것은 반역의 씨를 다시 심는 것과 같습니다. 새로운 왕조를 튼튼히 하려면 전 왕을 추종하는 세력의 잔뿌리까지 모두 걷어 내야 합니다."

오늘의 관점으로 아히도벨과 후새의 전략을 검토하더라도 아히도벨의 전략은 생명의 희생을 최소화하면서 오직 다윗 한 사람만 제거하고 새로운 왕조를 시작하자는 대단히 온건한 작전으로 성공의 확률도 높다. 후새의 전략은 정면에서 돌파하는 정공법으로 당당하게 보이기는 하지만, 다윗 왕을 능가하는 왕이 되고자 하는 압살롬의 영웅 심리에 기댄, 대량 살상이 불가피한 무리한 작전이다.

이제 막 반쯤의 승리에 도취하여 판단력이 무뎌진 압살롬은 아히도벨과 후새의 전술 사이에서 갈피를 잡을 수 없었다. 그러나 후새의 전략을 들은 측근은 논에서 피를 뽑아내듯 다윗 왕 한 사람만 제거하자는 아히도벨의 소극적 전략보다 후새의 정공 작전을 훨씬 우월하게 여겨졌다.

왕궁 무혈입성은 압살롬은 물론 그의 측근의 멘탈까지 호도하고 있었다.

자신들이 반역을 일으킨 부당한 집단이요, 더욱이 아들을 도와 아버지를 몰아낸 패륜의 반란군이라는 도덕적 결함을 보충하려는 욕망이 무의식중에 정당화되고 있었다. 예루살렘 왕궁을 점령했으니 자기들은 후새의 작전을 능히 수행할 수 있고, 또한 그렇게 되어야 하며, 후새의 작전대로 실현될 것이라고 확신에 차 있었다.

압살롬은 후새의 전략을 채택하고 천재일우의 기회였던 그날 밤을 놓치고 말았다.

사실 후새는 다윗과 절친한 친구로서 결코 다윗을 배신할 위인이 아니었다. 다윗은 아들에게 쫓겨 왕궁을 버리고 달아나면서 백전노장답게 이런 상황이 오리란 것을 예측하고 후새에게 당부하여 압살롬의 측근이 되도록 사전에 조치를 했었다. 후새는 간첩이었다. 후새는 스파이로서 멋지게 미션을 성공시켰다.

압살롬이 아히도벨의 기막힌 전략을 내치고 후새의 명목만 번지르르한 전술을 택했을 때 좌중에서 낙담에 빠진 사람은 오직 아히도벨뿐이었다. 아히도벨은 그 순간 모든 상황의 처음과 나중을 직감했다.

아버지 다윗을 반역한 압살롬에게 시작부터 끝까지 되어질 일이 훤히 보였다. 손녀딸 밧세바가 당하는 불행의 시작부터 나중에 될 일도 보였다. 밧세바가 더 이상 불행을 당하지는 않으리란 예측이 그나마 다행으로 여겨졌다. 여기에 아히도벨의 눈에 보인 시작과 끝은 또 있었다.

자기 인생의 시작과 끝도 보였다.

평생 사물에 대한 이치를 바라보고, 세상 돌아가는 모양을 냉철히 바라보면서 하나님을 느끼고 하나님께 제사하는 삶 가운데 하나님께 감사하고 하나님을 찬양했던 자신의 인생에 종말이 성큼 다가와 있음을 감지했다.

이 위기에 봉착한 것은 아히도벨의 인생 어느 지점에서 하나님의 섭리와 경륜을 잘못 읽어낸 오류 때문일 것이다. 그러나 아히도벨은 그것까지는 알아채지 못했다.

하나님이 압살롬을 통해서 아버지 다윗의 죄를 책망한다고 믿고 압살롬의 손을 잡았는데, 그가 자신의 충언을 내치고 대세를 그르치는 모습을 보면서 아히도벨은 조용히 물러났다. 아히도벨은 여기서 삶의 의미를 슬며시 내려놓는다.

나귀에 안장을 지우고 낙향했다. 고향 집에 도착하여 집을 정리하고 스스로 생을 마감했다.

아히도벨이 놓친 자기 오류는 무엇이었을까?

왜 아히도벨은 하나님이 압살롬을 들어 다윗을 친다고 판단했을까?

아히도벨이 결정적으로 간과한 것이 있다. 신약성서의 기록자가 다윗을 하나님의 마음에 맞는 자라고 한 것은 다윗의 행동이 모범적이라서가 아니다. 아히도벨이 당한 절망보다 더 깊은 수렁에 빠졌을 때 취한 다윗의 행동이 하나님 마음에 들었기 때문이다.

그때 다윗은 무엇을 했는가?

21.

다윗의 회개

목욕하는 여인 밧세바를 향한 다윗의 정욕에서 시작된 범죄 이후 나단 선지자가 찾아왔다. 그 자리에서 나단은 하나님의 불호령을 가감 없이 전했다. 다윗의 범죄에 대한 하나님의 분노는 엄청났다.

그 당시 하나님의 징벌원칙은 오늘날 우리가 흔히 말하는 '일벌백계(一罰百戒)'였다. 범죄 행위는 하나지만 그에 대한 벌은 백으로써 다스려 차후 이와 유사한 범죄를 예방하겠다는 것이 하나님 뜻이었다. 이를테면 다윗은 밧세바를 은밀하게 성폭행했지만 하나님은 밝은 대낮에 다윗의 아내들이 성폭행 당하도록 하겠다는 것이다.

나단 선지자가 전하는 말 중에서 특히 괄목할만한 대목은 다윗의 범죄는 '하나님의 말씀을 업신여긴 죄'라는 것이다. 다윗의 결정적인 죄목이 이것이다. 무릇 사람의 범죄는 하나님을 업신여기는 행위다. 다윗은 나단이 말하는 이러한 취지를 십분 이해했다. 여기서 다윗은 그 어떤 변명도 하지 않는다.

"저의 죄는 하나인데 왜 벌은 백을 부과하려 하십니까?"
"어찌 하나님을 업신여겼다 하십니까?"
이런 이유를 달지 않았다.

오늘날 형법에 의하면 하나의 죄에는 반드시 하나의 형벌만을 부과해야 한다. 다른 이들의 동일범죄 유발을 막기 위하여 '경종'을 울리겠다는 형벌부과는 원칙적으로 금지된다. 그러나 하나님은 엄중했다.

선지자 나단이 하나님의 진노를 전하고 엄청난 죄의 대가를 치러야 함을 주지했을 때, 나단의 말을 다 들은 후 다윗은 딱 한마디 한다.

"내가 하나님께 죄를 범하였습니다!"

이 한마디를 하고 다윗은 곧장 하나님 앞에 회개하러 갔다.

하나님이여!
하나님은 인자하신 이시니 내게 은혜를 베푸소서!
하나님의 한량없는 긍휼을 따라 내 죄악을 지워주소서!
나의 죄악을 말갛게, 나의 죄악을 깨끗하게,

제거하여 주소서!

나단의 깨우침으로
나는 나의 죄를 알게 되었습니다.
나의 죄는 항상 내 앞에 있음을 알고,
나는 나의 죄를 결코 외면하지 않겠습니다.
내가 하나님께만 범죄하였습니다.
내가 하나님 목전에 악을 행했습니다.

하나님!
그러나 심판하실 때에는
나를 의롭다고 말씀해 주시고,
나를 순전하다고 말씀해 주옵소서!
내 속에 정한 마음을,
정직한 영을 새롭게 하옵소서!

나를 쫓아내지 마시고,
하나님의 마음을 내게서 거두지 마옵소서!
그리고 말씀해 주소서
내가 의롭다고,
내가 순전하다고 말입니다.

구약성서 시편 51편이 다윗이 밧세바를 성폭행한 이후 회개하는 내용인데, 이를 저자가 약간 가미하여 쉽게 풀어썼다.

다윗은 자기의 죄악상을 망각하지 않고 늘 직시하겠다고 고백한다. 직시하면서 그 죄에 대한 대가를 달게 받겠다고 다짐한다. 그러나 하나님의 최종 심판 때에는 자기를 죄인으로 정죄하지 말고 의인으로 평결해 달라고 탄원한다. 다윗은 자기가 지은 죄의 의미를 해석하고 그 죄 값을 치를 것이며, 하나님을 업신여긴 죄를 알게 되었다며 죄를 고백한다.

> 내가 주께만 범죄하였습니다(시 51:4).

다윗의 이 한마디는 우리가 가진 상식을 의심케 한다.

우리가 보기에 다윗은 분명히 밧세바에게 범죄하였고, 밧세바의 남편 우리아에게 범죄했다. 그러니 다윗이 회개를 해야 한다면 피해자인 밧세바와 우리아에게 해야 함이 옳다. 영화 밀양에서 신애의 생각이 그렇고, 미투에 동참한 이들의 생각이 그렇고, 동시대를 사는 우리들의 생각이 대부분 그러하다.

다윗은 그러나 하나님께만 범죄했다고 고백하고 하나님께만 회개한다. 성경에 다윗이 밧세바에게 또 죽은 우리아에게, 그리고 밧세바의 부모나 할아버지 아히도벨에게 회개했다는 말은 없다. 물론 우리아는 이미 죽었으니 그를 찾아갈 수도, 그에게 회개할 수도 없다. 그러나 밧세바는 살아있다. 우리의 생각대로라면, 다윗은 밧세바에게 회개해야 한다.

또 생각해 볼 것은 성폭행으로 수태된 아기에게는 어떻게 해야 할까. 다윗의 범죄로 인해 잉태한 생명이니 그에게도 회개를 해야 하지 않을까. 안타까운 것은 그 아이는 태어난 지 이레만에 죽는다. 다윗은 그 아이에게 어떻게 회개해야 할까.

다윗이 밧세바를 범하여 피해자가 된 이들이 한둘이 아니다. 밧세바의 친정 부모들은 딸이 당하는 고통을 보면서 얼마나 안타까웠을까. 다윗은 밧세바의 부모들에게도 무릎을 꿇고 회개함이 마땅하다.

우리아의 부모가 있었다면 거기도 가서 무릎 꿇어야 한다. 다윗은 우리아의 부모에게 더 큰 범죄를 자행했다. 아들을 죽였으니 그 부모에게 회개해야 마땅하지 않은가. 다윗은 자기 죄가 얼마나 엄청나고 큰 죄악인지 일일이 헤아렸다.

> 무릇 나는 내 죄과를 아오니
> 내 죄가 항상 내 앞에 있나이다
> 내가 주께만 범죄하여
> 주의 목전에 악을 행하였사오니(시 51:3~4).

다윗의 이 고백 속에는 자기의 범죄로 인한 피해자가 너무 많아 현실적으로 그들에게 일일이 찾아가 회개하는 것은 불가능함을 깨달았다는 역설이 들어있다. 자기의 범죄로 인해 직접 간접으로 피해를 당한 모든 이들에게 일일이 찾아가 회개한다는 것은 도저히 불가능하다는 사실을 깨달았다. 또한 자기의 죄로 인해 피해를 당한 당사자들 중에는 이미 유명을 달리한 이들이 있다.

다윗이 자기 죄를 자기 앞에 두고 직시할 때, 가장 눈에 밟히는 피해자가 있다면 그는 우리아다. 우리아에 대한 죄책이 가장 컸다. '죽음의 작전'에 투입되어 우리아와 함께 숨진 군사들도 있다. 다윗은 그들에게 찾아갈 수도 회개할 수도 없다. 그러니 살아있는 밧세바에게 회개하는 것은 손바닥으로 하늘을 가리려는 동작에 불과하다. 더구나 다윗은 한 나라의 왕이다. 왕의 범죄는 온 백성을 부끄럽게 한다.

다윗은 자기가 누구에게 죄를 범했는지 깨달음과 함께 누구에게 회개를 해야 하는지도 동시에 깨달았다. 무릇 죄는 하나님께 범하는 것임도 알았다. 다윗은 그래서 하나님께 달려갔다. 그 앞에 무릎 꿇었다. 그리고 고백했다.

"내가 하나님께만 범죄하였나이다!"

그러니 자기는 하나님께만 회개하겠다고 토로한다.

그 길만이 유일한 돌파구임을 알았다. 그렇게 하지 않고는 자기의 죄로부터 벗어날 길이 없다. 만일 하나님이 자기의 죄를 용서해 주신다면 자기는 최종 심판대에서 의인으로 평결받을 소망이 있음도 보았다.

만일 자기가 죽인 우리아, 불륜으로 잉태된 아기, 직접 피해 당사자 밧세바, 간접 피해 당사자인 밧세바의 가족들과 우리아의 가족들 중 단 한 사람이라도 "당신의 죄를 용서할 수 없다"고 말한다면, 다윗은 그 죄악에서 영원히 벗어날 수 없다. 다윗은 자기의 죄를 사람들에게 회개하고 그들로부터 용서받기는 원천적 불능이라고 판단했다.

다윗은 자기의 죄악 현실에서 벗어날 수 있는 가능성을 찾아야만 했다. 다윗이 자기 죄를 해결하는 길은 오직 한 길뿐이었다. 자기의 죄를 직시하면서 그 죄악의 문제를 해결하지 않고는 한 걸음도 앞으로 내디딜 수 없었다.

"내가 하나님께만 범죄했습니다!"

이 고백은 깨달음이기도 하지만 하나님에 대한 압박이기도 하다.

하나님!

이렇게 하지 않고는 내가 이 죄악에서 벗어날 길이 없습니다.

내가 회개하고 죄 사함 받을 길은 이 길 뿐입니다.

우리아도 죽었습니다. 갓 태어난 아기도 죽었습니다.

우리아를 사지로 몰아넣을 때 함께 죽은 군사도 여럿입니다.

내가 죄를 범할 때 나를 도운 공범도 있습니다.

내 죄를 알고 있는 이들도 한둘이 아닙니다.

온 백성이 다 압니다.

내가 어떻게 회개하여야 내 죄를 감히 덮을 수 있겠습니까?

"나는 이렇게 알겠습니다. 모든 죄는 하나님께 짓는 것이라고 나는 우겨야겠습니다. 회개하기 위해서 먼저 나의 죄를 하나로 그러 모아야겠습니다. 세상 구석구석 내 죄로 물들지 않은 곳이 없으니, 사람으로서는 그 죄를 도무지 수습할 수 없습니다. 하나님이 알아서 꼼꼼히 챙겨주시면 모든 죄 직시하고, 그 모든 죄 내 앞에 두고, 오직 한 분 하나님께만 회개하겠습니다. 그렇다고 대충 눙치거나 하지 않겠습니다. 그 죄악으로 마음이 날마다 아침마다 저녁마다 찢어집니다. 이 죄를 해결할 수 있는 분은 오직 하나님 한 분 뿐입니다! 제발 부탁합니다!"

다윗이 자기 죄를 회개하겠다고 사람들을 찾아다녀야 한다면 평생을 찾아다녀도 부족하다. 다윗이 밧세바에게 가서 용서를 빌고 회개를 한다면 밧세바는 의당 용서한다고 말할 것이다. 상대방이 왕이니 어찌하겠는가, 밧세바가 살 수 있는 길은, 왕의 회개를 받아들이는 길 외에는 없다.

다윗이 그런 속보이는 회개를 하고, '나는 내 죄를 밧세바에게 회개하고 용서받았다'고 안팎으로 선포한다면 그것은 죄 위에 죄를 얹어놓는 꼴이다.

죄는 자기 한 사람이 지었지만 죄의 광역성은 온 나라를 다 오염시켰다. 자기의 죄를 용서하고 죄 문제를 해결할 수 있는 분은 오직 하나님뿐임을 다윗은 직시했다. 다윗이 이런 결론에 다다랐다는 것은 다윗이 그만큼 자기 죄의 심각성을 깊이 깨달았음을 의미한다.

섣불리 누구누구를 찾아가서 회개하면 되리라고 판단했다면 그것은 자기 죄에 대한 과소평가다. 자기의 죄를 평가절하해서 대충 해결해 보겠다는 또 다른 교만의 죄가 된다.

다윗은 자기 죄의 실체를 옳게 인지했다. 다윗의 이러한 자기 죄 인식이 하나님 마음에 들었다. 하나님의 뜻에 다윗의 판단이 거의 근접했다. 그래서 다윗은 하나님의 마음에 합한 자라는 평을 듣는다.

사람은 누구나 죄를 짓는다.

그러나 다윗처럼 자기 죄의 광역성을 제대로 인식하는 이는 드물다. 사람은 가능하면 자기의 죄를 축소하려 한다. 그러나 다윗은 냉철하게 자기 죄의 심각성을 보았다. 다윗이 회개했을 때, 하나님은 선지자 나단을 통해서 말해 준다.

> 하나님께서 당신의 죄를 사하셨나니
> 당신이 죽지 않을 겁니다(삼하 12:13).

이렇게 말하는 하나님에게는 한 가지 딜레마가 있었다.

사실 구약성서의 흐름으로 볼 때 다윗의 죄악은 당장 죽어 마땅하다. 그럼에도 하나님이 다윗을 죽이지는 않겠다고 말한 저변에는 두 가지 이유가 있다.

첫째, 위에서 설명한 대로 다윗이 옳은 회개를 했기 때문이다.

둘째, 다윗에게 이미 하나님이 약속해 둔 일이 있다.

그것을 '다윗언약'(삼하 7:1~17)이라 한다. 다윗언약은 다윗이 하나님의 성전을 짓겠다고 했을 때, 하나님은 창조주인 자기를 위해 성전을 짓는 것이 이치에 닿지는 않았지만 다윗의 그 마음을 좋게 여기고 받아들이면서 다윗 가문과 이스라엘 나라에 약조해 준다.

약조의 내용은 성전 건축을 허락하고, 다윗으로 시작으로 하는 왕조를 보장하며, 이스라엘 나라의 영속성을 보장한다는 것이다. 다윗의 실수는 자칫 하나님이 이전에 다윗에게 해 준이 언약을 깨뜨려야 할지도 모르는 위기를 불러왔다. 다행히 하나님 마음에 합당한 회개를 다윗이 해 줬다.

하나님은 이후부터 다윗의 편에 섰다. 아히도벨은 이러한 다윗의 회개를 알지 못했다. 하나님이 다윗과 함께 함을 알지 못했다는 의미다. 그런 중에 압살롬이 반역을 일으켰는데, 아히도벨은 압살롬의 반역에 오히려 하나님의 뜻이 있을 것으로 오판하고 압살롬의 책사가 되는 길을 택했다. 아히도벨은 당대 최고의 지략가이다. 다윗이 이스라엘 역사에서 가장 뛰어난 왕이 될 수 있었던 것도 아히도벨과 같은 책사를 곁에 두었기 때문이다.

그렇게 빼어난 아히도벨은 왜 다윗이 하나님께 통렬히 회개하고 죄 사함 받았음을 감지하지 못했을까?

22.

다윗의 죄와 벌

다윗은 회개하면서 자기가 지은 죄에 대한 하나님의 징벌을 감해달라고 하지 않았다.

만일 그랬다면 그 회개는 진정한 회개가 아니라 징벌이 두려워서 마지못해 한 거짓 회개다.

다윗은 십대 시절에 거인 골리앗을 쓰러뜨리고 나라를 구했다. 그때부터 다윗은 온 나라 백성들이 모두 알아보는 공적인 인물이 되었다. 물맷돌을 골리앗의 미간에 명중시켜 쓰러뜨림으로써 풍전등화의 위기에 있던 이스라엘을 구했다.

물맷돌은 손바닥만 한 가죽 양 끝에 구멍을 뚫어 두 가닥의 끈을 매달고, 가죽에 주먹만 한 돌을 잰 다음, 두 가닥 끈을 한 손에 잡고 어깨위에서 빙빙 돌리다가 원심력을 이용하여 목표물을 겨냥하여 돌이 날아가도록 두 끈 중 한 가닥을 순간적으로 놓는 기술이다. 고대 시대 양치는 목동들이 양떼를 보호하기 위하여 익혀야 하는 필수 기술이었다.

다윗은 소년 장수로서 당시의 사울 왕을 능가하는 국민적 인기를 누리는 스타가 되었다. 그러나 백성들의 다윗 사랑은 다윗을 위험에 빠뜨렸다. 다윗을 칭찬하는 백성들을 보면서 사울 왕은 자기 자리를 다윗에게 뺏기게 될 수도 있다는 불안에 휩싸였다.

사울 왕은 결국 다윗을 제거하기로 작정하고 다윗의 목숨을 노린다. 그러나 번번이 실패하게 되자 나중에는 다윗의 목숨에 현상금을 걸고 추적했다. 다윗은 현직 왕의 첫 번째 정적이 되어 십 년 이상 쫓겨 다녔다. 다윗이 왕에게 쫓겨 다니는 것을 알면서도 다윗을 추종하는 사람들이 있었다.

성서는 이들이 누구인지 한마디로 묘사했다.

> 환란 당한 모든 자와
>
> 빚진 모든 자와
>
> 마음이 원통한 자들(삼상 22:216).

다윗은 이들의 우두머리가 되어준다.

다윗의 빼어남은 쫓기면서도 수백 명의 추종자를 거느리고 그들을 너끈히 건사해 낸 데서도 드러난다. 또한 온당한 까닭 없이 사울 왕이 자기를 죽이려 하지만 단 한 번도 사울 왕에게 창끝을 겨누지 않는다.

다윗은 사울 왕의 딸 '미갈'과 이미 정혼했지만, 피난 중에 자기를 추종하는 무리들을 먹여 살리기 위해 돈 많은 과부 '아비가일'을 아내로 맞아들인다.

다윗의 피난 생활은 사울 왕의 죽음으로 끝난다. 길보아 전투에서 사울이 전사했다. 이후 칠년 만에 다윗은 이스라엘 전체의 왕이 되었다. 왕위에 오른 후 다윗은 왕비를 더 맞아들인다. 그중에 밧세바가 있었다. 다윗이 밧세바를 왕비로 맞이하면서부터 다윗의 처절한 가정사는 시작이 된다. 이중에서 가장 참혹한 비극은 아들 압살롬의 반역이다. 피할 수 없는 부자간 한판 승부, 내전이 불가피했다.

이미 두 번의 참척을 경험한 다윗이다. 자칫 또 한 번 아들의 죽음을 보게 될 수도 있었다. 다윗은 그래서 휘하의 장수들에게 아들 압살롬의 생명만은 해치지 말도록 애원조의 명령을 한다.

이 내전의 승부는 당시로서는 아무도 장담할 수 없는 상황이었다. 다윗의 군사들이 패전하게 되면 역으로 아들에게 아비가 생명을 잃게 되는 지경에 이를 수도 있다. 그럼에도 다윗은 아들 압살롬의 생명을 건드리지 말라고 명한다. 부하들 듣기에 참으로 어불성설이다. 생사의 기로인 전쟁터에서 적군의 수장 압살롬의 생명을 지키라니 참으로 어처구니가 없다.

요단강 동편으로 추격해 온 압살롬 군대는 파죽지세였다. 다윗의 군사들은 배수의 진을 쳐야 했다. 그런데 승부는 엉뚱한 곳에서 갈렸다.

반란군 수장 압살롬이 말을 타고 상수리나무 아래를 달려가는데 압살롬의 상투가 풀리면서 삼단 같은 머릿결이 상수리나무 가지에 휘감겼다. 관성의 법칙에 따라 말은 주군을 나무에 매달아 둔 채 빠르게 지쳐나갔고 압살롬은 대롱대롱 매달려 시계추처럼 왔다 갔다 흔들렸다. 휘하의 부하들은 어떻게 손을 써야 할지 묘책이 없어 우왕좌왕했다. 그 틈을 다윗의 군사들이 놓치지 않았다. 질풍노도같이 달려들어 압살롬을 에워쌌다. 압살롬을 따르던 반란군들은 삼십육계 줄행랑을 칠 수밖에 없었다.

다윗 군사 수중으로 떨어진 압살롬, 그를 포위한 다윗의 군사들 중에서 설왕설래가 일어났다. 누군가 다윗 왕이 압살롬의 생명은 해치지 말라고 한 명령을 상기시켰다. 이 상황에서 압살롬을 산 채로 포박하기는 식은 죽 먹기다.

당시의 군사령관은 요압이다. 요압은 다윗 왕의 누이 스루야의 아들이다. 다윗은 요압의 외삼촌이고 압살롬은 그의 외사촌 동생이다. 그러니 산채로 포박할 법도 했다. 그러나 요압은 냉혹한 인물이었다. 부하들이 압살롬의 생명줄 끊기에 주춤거리자 자신이 나서서 압살롬의 목을 베었다. 다윗 왕의 명령은 지켜지지 않았다. 지켜질 수 없는 명령이었다고 해야 옳을 것이다. 아들 압살롬의 죽음 소식을 듣고 다윗은 성문 위 누각으로 올라가서 대성통곡했다.

> 내 아들 압살롬아
> 내 아들 내 아들 압살롬아
> 차라리 내가 너를 대신하여 죽었더면, …
> 압살롬 내 아들아 내 아들아(삼하 18:33).

다윗은 요압을 군사령관으로 기용한 것을 두고 그동안 여러 차례 후회하고 한탄했다. 그러나 이미 벌어진 일, 되돌릴 수 없다. 이후로도 다윗 왕가의 기구한 운명은 계속된다. 반역을 일으킨 아들을 제압하고 환궁했는데, 이곳저곳에 반란이 일어나는가 하면 외적의 침입으로 손에서 창칼을 놓을 짬이 없었다.

다윗의 인생을 오롯이 지배한 분은 하나님이다. 다윗은 어떤 역경에 처할지라도 하나님의 말씀에서 떠나지 않았다. 어쩌다 실수도 있었지만 당겨졌던 고무줄처럼 다윗은 빠르게 하나님 영내로 복귀하곤 했다. 하나님이 다윗을 사랑하는 깊이만큼이나, 다윗의 인생에는 고뇌와 고난과 질곡도 그만큼 깊고 아팠다.

참혹한 가정사를 겪으면서도 다윗이 절대자 하나님의 섭리에 귀 기울이고 순복하는 삶의 의미는 과연 무엇일까?

절대자 하나님은 다윗의 인생을 통해서 이 세상에 어떤 메시지를 전하고자 하셨는지 묻고 싶을 때가 있다. 다윗도 자기 삶의 질곡을 바라보면서 때로 분통을 터뜨리기도 했다. 그도 인간이었다. 그러나 그때마다 다윗은 하나님을 정면으로 바라보면서 견뎠다.

아히도벨은 다윗의 이러한 삶을 지근거리에서 지켜보았다. 다윗이 당하는 삶의 질곡을 보면서 아히도벨은 생각했다.

다윗이 하나님께 진정으로 회개하고 용서받았다면 그의 가정사가 이토록 처절하지는 않았을 게 아닌가?

다윗이 당하는 고난이 그의 죄에 대한 벌일진대, 이는 하나님이 다윗을 떠난 증거라고 아히도벨은 판단했다. 이것이 아히도벨의 '자기 오류'다. 아히도벨은 삶의 의미를 두 발로 딛고 서 있는 땅에서 찾고자 했다.

제5부

In The Beginning
하나님의 속죄

23. 성경의 인과응보
24. 다윗의 탄원시와 현대인
25. 웃어 보라, 울어 보라!
26. 응보의 블랙홀
27. 신의 한 수
28. 하나님의 속죄
29. 속죄에 대하여, 회개에 대하여

23.

성경의 인과응보

다윗의 삶을 한마디로 요약한다면 어떤 말이 될까?

인과응보(因果應報)!

다윗처럼 자기가 지은 죄에 대한 징벌을 처절하게 치른 인물을 찾아보는 일은 쉽지 않다. 다윗이 밧세바와 우리아에 대한 범죄 이후 찾아온 선지자 나단의 책망중 징벌에 해당하는 대목을 자세하게 보자!

> 이제 네가 나를 업신여기고
> 헷 사람 우리아의 아내를 빼앗아 네 아내로 삼았은즉,
> 칼이 네 집에서 영원토록 떠나가지 아니하리라 하셨고,
>
> 여호와께서 또 이와 같이 이르시기를,
> 보라! 내가 너와 네 집에서 재앙을 일으키고,

내가 네 눈앞에서 네 아내를 빼앗아 네 이웃들에게 주리니,

그 사람들이 네 아내들과 더불어 백주에 동침하리라!
너는 은밀히 행하였으나,
나는 온 이스라엘 앞에서 백주에 이 일을 행하리라 하셨나이다
하니,

다윗이 나단에게 이르되,
내가 여호와께 죄를 범하였노라 하매,
나단이 다윗에게 말하되,
여호와께서도 당신의 죄를 사하셨나니
당신이 죽지 아니하려니와 이 일로 말미암아
여호와의 원수가 크게 비방할 거리를 얻게 하였으니,
당신이 낳은 아이가 반드시 죽으리이다 하고,
나단이 자기 집으로 돌아가니라(삼하 12:10~15).

나단 선지자가 다윗왕 면전에서 쏟아낸 말이다.

위에 옮긴 대로 나단 선지자가 전한 하나님의 징벌 예고는 이후 다윗의 삶 중에서 모두 일어난다. 다윗이 저지른 '인과'에 하나님은 '응보'로 징치한다. 물론 하나님은 다윗의 적합한 회개를 보고 그의 목숨은 살려주지만, 다윗이 저지른 죄

에 대한 책임은 철저하게 따져 묻고 그대로 이행한다.

이 과정은 놀라우리만치 빈틈없는 인과응보의 적용이다.

다윗에게 여호와는 인과응보의 하나님이다.

나단 선지자가 찾아와서 그럴듯한 비유 끝에 이어간 선포는 오늘날의 관점에서 볼 때는 도저히 입에 올릴 수 없는, 또 입에 올려서도 안 되는 험악스런 말이다. 이런 이야기를 면전에서 고스란히 들었다면 누구나 이성을 잃기 십상이다. 그러나 다윗은 참을성 있게 나단 선지자의 이야기를 끝까지 다 들었다.

다윗은 나단의 이야기를 들으면서 자기 죄를 통찰하고 회개했다.

다윗은 자기 죄를 회개하면서 죄에 대한 하나님의 징벌이 과하다거나 피해가도록 해 달라고 요청하지 않고 고스란히 감내할 준비를 한다. 그렇기에 이후로 벌어지는 감당키 어려운 고난 앞에서 다윗은 끝까지 인내하면서 하나님을 배신하지 않았다.

자기가 저지른 죄에 대한 철저한 응징을 한 치의 어긋남 없이 감내했던 다윗과 다윗의 인생관을 보자. 하나님은 다윗에게 넘치도록 복을 주기도 하지만 다윗의 범죄에 대해서는 지푸라기 한 올 만큼도 누락하지 않고 응보 하셨다. 그러니 다윗의 인생관에는 인과응보의 원칙이 뼛속까지 스며있다.

다윗은 고대 국가의 왕이다. 당시 한 부족이 국가를 이루기 위해서는 국경지역에서 끊임없이 도발하는 외세의 침입에 맞서야 한다. 전쟁을 하지 않고는 나라를 지탱하지 못한다. 왕은 전쟁이 발발할 때마다 선봉에 서서 싸워야 한다.

당시의 왕이 수행해야 하는 일은 전쟁뿐만이 아니다. 내부에서 일어나는 정쟁도 있다. 다윗은 대외적인 대립과 대내적인 대립의 구도에서 잠시도 벗어날 수 없는 치열한 갈등 구조 아래서 평생을 보내야 했다.

안팎으로 밀려오는 터질 것 같은 대립 구도 속에서, 다윗은 전폭적으로 하나님을 신뢰하면서 오로지 하나님께만 의지했다. 다윗은 신앙의 사람이었다. 그에게는 여호와 하나님의 임재와 하나님의 섭리와 경륜 그리고 하나님의 말씀이 촘촘하게 얽혀져 있었다. 세상의 학문이나 사상 혹은 세상이 인정하는 성공 처세술 등은 다윗에게서 찾아보기 힘들다.

성서는 다윗이 처한 환경을 대단히 상세하게 드러내 보여준다. 성경의 역사서와 시편에서 다윗의 심경이 가감 없이 드러난다. 시편에는 그가 위기를 당했을 때마다 자기 심경을 토로한 시들이 많이 있다. 성서의 시편은 다윗의 저작임을 명시하면서 시대적 배경을 서술하기도 했다.

구약성서의 시편은 모두 150개의 시로 되어있다. 그 중 절반 가까이를 다윗이 썼다. 다윗이 쓴 시편들은 대체적으로 하나님에 대한 감사의 시, 찬양 시, 신뢰와 명상의 시, 축제와 제의 시, 그리고 하나님께 탄원하는 시가 있다. 이 탄원 시편에서 다윗이 자기와 대립 관계에 있는 세력이나 인물들에 대하여 어떻게 말하는지가 여실히 드러난다. 하나님이 그런 자들에게 어떻게 해 주기를 다윗이 바라고 있는지 노골적으로 드러난다.

여호와여
나와 다투는 자와 다투시고
나와 싸우는 자와 싸우소서

방패와 손 방패를 잡으시고 일어나 나를 도우소서
창을 빼사 나를 쫓는 자의 길을 막으시고
또 내 영혼에게 '나는 네 구원이라' 이르소서

내 생명을 찾는 자들이 부끄러워 수치를 당하게 하시며
나를 상해하려 하는 자들이 물러가 낭패를 당하게 하소서
그들을 바람 앞에 겨와 같게 하시고
여호와의 천사가 그들을 뒤쫓게 하소서
그들이 까닭 없이 나를 잡으려고 그들의 그물을 웅덩이에 숨기며
까닭 없이 내 생명을 해하려고 함정을 팠사오니

멸망이 순식간에 그에게 닥치게 하시며

그가 숨긴 그물에 자기가 잡히게 하시며

멸망 중에 떨어지게 하소서(시 35:1~8).

위 시에서 다윗은 자기의 생명을 노리는 자들에게 하나님이 수치와 낭패를 당하게 하고, 그들을 바람 앞의 겨와 같이하여 천사들이 쫓아내어 멸망이 순식간에 그들에게 닥치게 해달라고 탄원한다. 자신과 대립 관계에 선 사람을 망하게 해 달라고 다윗은 거침없이 외쳤다.

내가 성내에서 강포와 분쟁을 보았사오니

주여 그들을 멸하소서

그들의 혀를 잘라버리소서(시 55:9).

사망이 갑자기 그들에게 임하여

산채로 스올에 내려갈지어다

이는 악독이 그들의 거처에 있고

그들 가운데 있음이로다(시 55:15).

하나님이여

주께서 그들로 파멸의 웅덩이에 빠지게 하시리이다.

> 피를 흘리게 하며
>
> 속이는 자들은 그들의 날의 반도 살지 못할 것이나
>
> 나는 주를 의지하리이다(시 55:23).

시편 55편에서는 그들을 멸하되 그들이 혀를 잘라버리소서 하고, 사망이 갑자기 그들에게 임하여 산 채로 스올에 내려가게 해 달라고 요청한다. 다윗의 이러한 탄원은 시편 109편에서 극에 이른다.

이 대목에서 신학자들은 아연실색을 한다. 그리고 이런 구절을 성경의 난해구절로 접어두려 한다. 다윗의 인격을 볼 때 과연 이것이 다윗의 입에서 나온 말인가 의심하지 않을 수 없다는 것이다. 성경은 그러나 분명하게 기록을 남긴다.

> 내가 찬양하는 하나님이여 잠잠하지 마옵소서
>
> 그들이 악한 입과 거짓된 입을 열어 나를 치며
>
> 속이는 혀로 내게 말하며 또 미워하는 말로 나를 두르고
>
> 까닭 없이 나를 공격하였음이니이다
>
> 나는 사랑하나 그들은 도리어 나를 대적하니 나는 기도할 뿐이라
>
> 그들이 악으로 나의 선을 갚으며
>
> 미워함으로 나의 사랑을 갚았사오니

악인이 그를 다스리게 하시며

사탄이 그의 오른 쪽에 서게 하소서

그가 심판을 받을 때에 죄인이 되어 나오게 하시며

그의 기도가 죄로 변하게 하시며

그의 연수를 짧게 하시며

그의 직분을 타인이 빼앗게 하시며

그의 자녀는 고아가 되고

그의 아내는 과부가 되며

그의 자녀들은 유리하며 구걸하고

고리대금하는 자가 그의 소유를 다 빼앗게 하시며

그가 수고한 것을 낯선 사람이 탈취하게 하시며

그에게 인애를 베풀 자가 없게 하시며

그의 고아에게 은혜를 베풀 자도 없게 하시며

그의 자손이 끊어지게 하시며

후대에 그들의 이름이 지워지게 하소서

여호와는

그의 조상들의 죄악을 기억하시며

그의 어머니의 죄를 지워버리지 마시고

그 죄악을 항상 여호와 앞에 있게 하사

그들의 기억을 땅에서 끊으소서

그가 인자를 베풀 일을 생각하지 아니하고

가난하고 궁핍한 자와 마음이 상한 자를 핍박하여

죽이려 하였기 때문이니이다

그가 저주하기를 좋아하더니

그것이 자기에게 임하고

축복하기를 기뻐하지 아니하더니

복이 그를 멀리 떠났으며

또 저주하기를 옷 입듯 하더니

저주가 물같이 그의 몸속으로 들어가며

기름 같이 그의 뼈 속으로 들어갔나이다

저주가 그에게는 입는 옷 같고

항상 띠는 띠와 같게 하소서

이는 나의 대적들이 곧 내 영혼을 대적하여 악담하는

자들이 여호와께 받는 보응이니이다

그러나 주 여호와여

주의 이름으로 말미암아 나를 선대하소서

주의 인자하심이 선하시오니 나를 건지소서

나는 가난하고 궁핍하여 나의 중심이 상함이니이다

나는 석양 그림자 같이 지나가고

또 메뚜기 같이 불려 가오며

금식하므로 내 무릎이 흔들리고 내 육체는 수척하오며

나는 또 그들의 비방거리라

그들이 나를 보면 머리를 흔드나이다

여호와 나의 하나님이여 나를 도우시며

주의 인자하심을 따라 나를 구원하소서

이것이 주의 손이 하신 일인 줄을 그들이 알게 하소서

주 여호와께서 이를 행하셨나이다

그들은 내게 저주하여도 주는 내게 복을 주소서

그들은 일어날 때에 수치를 당할지라도

주의 종은 즐거워하리이다

나의 대적들이 욕을 옷 입듯 하게 하시며

자기 수치를 겉옷같이 입게 하소서

내가 입으로 여호와께 크게 감사하며

많은 사람 중에서 찬송하리니

그가 궁핍한 자의 오른쪽에 서사

그의 영혼을 심판하려 하는 자들에게서

구원하실 것임이로다.

이상은 시편 109편 전문이다. 저자가 줄 바꾸기와 연 나누기만을 했다. 다윗의 자기 원수에 대한 탄원은 후대인 우리가 굳이 감추고 숨기려 할 필요는 없다. 감추고자 하더라도 감출 수 없다. 성서에 엄연히 기록되어 있기 때문이다. 그렇다면 우리는 다윗이 어떤 배경에서 이렇게 극단적인 탄원을 하게 되었는지 숙고해 보아야 한다.

다윗은 하나님을 예배하는 일과 자신의 범죄로 인한 징계는 별개의 것임을 잘 안다. 자기에게 부과된 징벌을 하나님을 향한 예배드림으로 상쇄할 수 없다. 그러므로 다윗 자신에게 적용된 하나님의 잣대는 모든 이들에게도 공평하게 적용되어야 한다. 그러니 하나님에 반하며, 동시에 자신에게 반하는, 이른바 자기의 원수들도 자신이 당한 것처럼 똑같은 징벌을 받아야 한다. 그렇게 되도록 하나님께 아뢰는 일은 다윗의 입장에서 보면 전혀 어색하지 않다.

다윗의 신앙은 구약 율법의 근간인 탈리온 법칙에 근거한다.

탈리온 법칙은 '눈에는 눈, 이에는 이'이다.

'주여, 저 자의 죄를 보시되,

그 죄로 말미암아 내가 내 죄로 당하는 고난을

그도 당하지는 않게 해 주옵소서!'

다윗이 이 같은 관용의 기도를 하지 않은 것은 분명하다. 다윗은 자기의 죄로 인하여 자기가 극심한 고통을 겪으면서 이 고통을 다른 사람들은 겪지 않기를 바라는 자비심을 갖지는 않았다. 내 죄로 말미암아 내가 지금 당하고 있는 이 형극, 다른 이들은 겪지 않았으면 하는 너그러움과 긍휼이 다윗에게 있었다고 말하기는 어렵다. 모든 이들이 자기의 죄 값은 자기가 감당함이 옳다고 생각했다. 어차피 하나님은 그렇게 공의를 세우는 분이라고 다윗은 믿었다.

이렇게 믿고 있는 다윗은 자기를 배신하는 자 혹은 자기를 멸시하고 자기를 향해 칼끝을 겨누는 자에 대해서 하나님께 자주 탄원했다. 또 하나님의 법을 따라 사는 자신을 조롱하는 자들에 대해서도 응당 인과응보의 징벌이 있어야 함을 주장하기도 했다. 하나님의 법에 완벽에 가까울 만큼 귀의하여 살면서 모든 이에게 공평하게 하나님 공의의 원칙이 적용되어야 함을 강조했다.

다윗의 아들 솔로몬 역시 아버지의 삶을 곁에서 지켜봤으니 여기서 다를 수 없다. 솔로몬이 아버지의 뜻을 이어받아 성전을 준공하고 나서 올린 기도를 보자.

> 주는 하늘에서 들으시고 행하시되
>
> 주의 종들을 심판하사
>
> 악한 자의 죄를 정하여 그 행위대로 그 머리에 돌리시고
>
> 의로운 자를 의롭다 하사 그의 의로운 바대로 갚으소서
>
> (왕상 8:32).

24.

다윗의 탄원시와 현대인

다윗의 탄원 시편을 읽으면서 현대인은 몇 가지 의문을 가진다.

'저 사람 나빠요'라고 하나님께 말할 수 있을까?
'저 사람 벌 내려주세요'라는 기도가 가능할까?
'나는 제대로 하고 있어요'라는 자기 확신이 타당할까?
원색적인 표현으로 타인을 징치해달라고 할 수 있을까?

현대의 신앙인들은 이 중 하나라도 선뜻 수긍하지 못한다. 오늘날 '저 사람 나빠요'는 자기 내면의 주관적 감성 차원에 머물 뿐이다. 현대인들이 자기주장을 객관화 할 수 있는 것이 있다면 '저 사람 나빠요'가 아닌 '내가 나빠요'이다. 그러나 오늘날 '내가 나빠요'는 신앙의 차원에 국한되며 양심의 문제가 되었다. '내가 나빠요'는 굳이 드러낼 필요가 없는 숨겨야 할 가치가 되었다.

현대의 기독교 신앙은 '저 사람 벌 내려주세요'가 아니라 '저 사람도 용서해 주시고, 나도 용서해 주세요'를 가르친다. '나는 잘 하고 있어요'는 교만으로 치부된다. 오늘날에는 '저 사람 나빠요, 그러니 합당한 벌을 부과해 주세요'라는 기도는 잘못된 것으로 가르친다.

그러나 다윗은 자기와 대립관계에 있는 자들에 대한 처벌을 구하면서 원색적인 언어를 구사했다. 이는 자기의 죄에 대한 징벌을 하나도 빠뜨리지 않고 감내해내고 있다는 다윗의 자기 실존을 바탕으로 한다. 자신이 하나님 앞에서 잘하고 있다는 '교만'에서가 아니다.

다윗이 그렇게 할 수 있는 이유로서 지금까지 다윗 자신이 철저한 인과응보의 삶을 살았음을 보았다. 그러므로 주변의 모든 이들 역시 자기에게 적용된 인과응보에서 예외가 있어서는 안 된다는 것이 다윗의 신앙이다. 자기의 실존을 기준으로 다른 이들이 저지르는 악을 보면서 하나님께 그들에게도 자신에게처럼 징벌해 줄 것을 간청했으니 성서의 독자들이 다윗을 나무랄 수 없다.

하나님 앞에서 다윗은 자신이 다른 이들보다 특별하다고 여기지 않았다. 자기를 더 사랑하시니 하나님이 더욱 큰 매로 다스린다고 판단하지도 않았다. 하나님 앞에서는 내남없이 동일하다.

미투 운동과 관련하여 어떤 이들은 하나님이 다윗의 죄를 사해주신 것처럼 자기의 성폭력 범죄도 하나님이 다 사해주셨다고 주장하기도 하는데, 이 주장은 대단히 위험하다. 다윗이 성범죄를 사함 받으면서 그에게 부과된 징벌의 끔찍함을 눈여겨 본다면 자기의 성범죄에 다윗의 경우를 결코 끌어다 댈 수 없다.

한편 여기서 짚고 넘어갈 것이 있다.

'저 사람 나빠요'

'저 사람 벌 내려주세요'

'나는 제대로 하고 있어요'

이 셋에 대한 현대인들의 태도를 보아야 한다.

신앙적 관점에서 이 셋은 다윗의 시대와 현대와는 괴리가 있음을 보았다. 오늘날의 신앙인들은 하나님 앞에서 이런 자세를 가지면 안 된다. 오히려 반대로 해야 한다고 말했다.

그러나 한걸음 비껴나서 현대인들의 삶을 직시해보자.

현대인들은 치열하게 '저 사람 나빠요' '저 사람 벌 내려주세요' '나는 제대로 하고 있어요'를 주장한다. 실정법을 다루는 법정에서 자신이 동원할 수 있는 모든 역량을 다 가지고 상대의 잘못을 입증하면서 자신의 무죄를 주장한다.

이 과정에서 자본주의의 폐해가 고스란히 드러나기도 한다. 유전무죄 무전유죄의 문제가 있다. 전관예우라는 법조계의 관행도 있다. 자본력과 권력을 총동원하여 자기는 무죄로, 상대방은 유죄로 몰아가고자 안간힘을 다한다. 결국 죄인으로 판결 받은 자는 교도소에 수감이 되고 의인으로 판결 받은 자는 세상을 활보한다.

이런 실태를 삼천여 년 전 다윗의 태도와 견주어 볼 필요가 있다. 다윗은 자기의 죄에 대한 징벌을 고스란히 감내하면서 다른 이들의 범죄를 탄원했다. 그러나 현대인들은 자기의 죄는 온갖 수단을 다 동원하여 감추고, 상대의 죄는 온갖 수단으로 다 드러낸다. 감추면 의인이 되고 들키면 죄인이 된다.

25.

웃어 보라, 울어 보라!

사람은 자기 곁에 있는 사람이 우는 것은 싫어한다. 그래서 우는 자 옆에는 사람이 없다. 모두가 웃는 자에게 다가간다. 자기도 같이 웃고 싶은 본능적 욕구가 있기 때문이다.

전능자 하나님은 사람이 우는 모습을 좋아할지 웃는 모습을 좋아할지 궁금해질 때가 있다. 사람들이 웃는 모습을 좋아하는 자애로운 하나님이라면 사람들에게 비극이 일어나지 않도록 해야 한다. 그러나 세상에는 희극도 있지만 비극도 있다. 비극이 터질 때마다 사람들은 전능자 하나님께 질문한다.

전능자는 왜 자기의 피조물 인간이 슬픔에 젖어도 방관하는가?

다윗의 생애를 보면 웃을 때보다는 울 때가 훨씬 더 많다. 다윗이 웃은 때는 하나님의 언약궤를 성안으로 모셔 들일 때가 거의 유일하다. 그때는 다윗이 덩실덩실 춤을 추었다.

성서에서 가장 비극적인 인물로 '욥'을 첫손가락에 꼽는다. 객관적으로 볼 때 욥이 당한 고난은 다윗에 비할 바가 아니리만치 엄청난 참사이다. 그러나 두 사람의 고난이 비교되는 것은 욥이 당한 참사는 인간이 인지할 수 있는 인과응보가 아니라는 것이고, 다윗이 당한 연속적 참사는 누구나 알 수 있는 인과응보의 사건이라는 데 있다.

욥은 비극적 구도 속에서 자기 신체에 위해가 더해진다. 육체적 고통이 수반되었다. 자신이 악하게 살지 않았음에도 불구하고 열 자녀를 하루아침에 잃고 재산도 사라져버리고 온몸에는 창상이 일어 깨어진 기와조각으로 피가 나도록 긁어대지 않으면 아니 되었다. 욥의 고통에는 '그때 내가 그 죄를 범했기 때문'이라는 자책이 있을 수 없다.

욥은 왜 이런 일이 자기에게 일어나야 하냐고 하나님께 탄원한다. 고통의 연원을 알지 못했기 때문이다. 그러나 다윗은 그 참혹한 일들 중에 하나님을 원망하지 않았다. 이미 연원을 알고 있었기 때문이다.

욥이 더 고통스러웠을지 다윗이 더 고통스러웠을지 묻는 것은 의미가 없을 수 있다. 섣불리 누구의 고통이 더 심하다고 말할 수는 없다. 하나님이 보시기에 욥도 우는 자식이었고 다윗도 우는 자식이었다. 하나님은 욥이 우는 것에도, 다윗이 우는 것에도 누구보다 가슴이 아팠다. 이를 어쩐단 말인가.

하나님은 고뇌에 차 있었다. 인과응보로 울고 있는 다윗도 아픈 손가락이고, 원인도 모른 채 고난당하는 욥도 아픈 손가락이다. 하나님은 전능자로서 어떤 조치를 강구하지 않으면 아니 되었다. 하나님은 공의의 하나님이기도 하지만 사랑의 하나님이다.

하나님의 관점에서 볼 때 욥이 당하는 고난에 대해서는 불가피한 면이 있다. 인간이 신을 사랑한다 했을 때는 거기에 반드시 검증이 뒤따른다. 검증에는 고통이 수반된다. 욥이 당한 고통이다.

하나님을 사랑한다고 누군가가 고백했다면 그 사람 앞에는 항상 두 갈래 길이 있기 마련이다. 전능자를 사랑하는 길과 배신하는 길이 나란히 있다. 선택은 그 사람의 의지에 달렸다. 마치 에덴동산에 생명과와 선악과가 함께 있음과 같다.

하나님을 신뢰하겠다는 선택은 하나님 앞에서 반드시 입증과정을 거쳐야 한다. 그가 따먹은 열매가 생명과인지 선악과인지 검증해야 한다. 하나님은 모든 이들의 선택에 대하여 관용하고 싶기도 하겠지만 그러면 질서가 무너진다.

질서를 위해서는 사람들의 선택에 대한 검증이 있어야 하고, 검증은 일종의 시험으로서, 시험에는 반드시 고통이 수반된다. 하나님은 검증과정의 필요성 때문에 욥의 고난을 일단 두고 보신다. 이보다 더 심각한 문제는 인과응보의 덫에 걸려 처절한 가정사의 비극에 휩싸인 다윗의 고통을 어떻게 해결해야 할까에 대한 것이다. 검증의 문제가 되었든 인과응보의 문제가 되었든 욥과 다윗이 겪는 고통을 하나님은 해결해야 한다. 공의의 하나님이라는 하나님의 속성에서 인과응보를 거두어들일 수는 없다.

인과응보의 적용을 폐지한다면 그 순간에 공의는 무너지고 만다. 어떻게 할 것인가?

하나님을 사랑한다고 고백하는 욥에게도 시험의 부담을 덜어주고, 다윗처럼 무거운 범죄인에게도 관용할 수 있는 해결책, 인과응보를 지키면서 관용할 수 있는 대책, 이 난제야말로 세상에 존재하는 가장 어려운 수수께끼다.

하나님도 우는 자보다는 웃는 자를 더 가까이 하고 싶다.

응보의 블랙홀

한국에서 미투 운동이 화염을 뿜어내듯 맹렬하게 타오를 때 영국의 이론물리학자 스티븐 호킹(Stephen Hawking)의 타계 소식이 들려왔다. 뉴턴에서 아인시타인으로, 아인시타인에서 호킹으로 과학의 계보가 이어지고 있다는 평을 들을 만큼 뛰어난 과학자로서 호킹은 특히 블랙홀에 관한 많은 업적을 남겼다.

본디 블랙홀이란 1783년 존 미첼이 '질량이 너무 커서 빛조차 탈출할 수 없는 존재'를 과학계에 상정하면서 발전되었다. 이후 블랙홀은 '모든 것을 삼켜버리는 거대한 것'으로 사람들에게 알려지기 시작했다.

이로부터 200여 년이 지난 1966년에 호킹은 블랙홀 한가운데에 무한대의 밀도를 지닌 것으로써 물리학의 모든 법칙이 들어맞지 않는 '특이점'이 존재한다고 수학으로 증명했다.

이외에도 호킹은 블랙홀에 대한 숱한 업적을 남겼다.

'호킹, 블랙홀로 돌아가다.'

'모든 것을 남기고 블랙홀 너머로 가다.'

호킹의 죽음을 알리는 헤드라인이다.

호킹 하면 떠오르는 것이 블랙홀이다. 빛조차 한번 빨려 들어가면 탈출할 수 없다는 블랙홀. 그 블랙홀이 우주의 어느 지점에 존재하는 지는 아직 명확하게 밝혀지지는 않았지만 사람들의 인식 속에는 블랙홀이 이미 자리를 잡았다.

물리적 현상의 개념이 사람들의 의식구조를 지배하기도 한다. 블랙홀이 집어삼키는 것은 빛을 포함한 모든 사물이다. 그러나 사람들의 개념 속 블랙홀은 사람이 상상할 수 있는, 혹은 상상을 뛰어넘는 것들까지 삼켜버리는 그 무엇이다. 사람들의 의식 혹은 잠재의식 속에 그동안에는 없었던 개념 즉, 한번 빠지면 그 무엇도 흔적조차 없이 사라지는 것이 가능하다는 새로운 개념이 자리 잡았다.

사람들은 자기의 죄를 열심히 감추면서 살아간다. 죄를 철저히 감추기만 하면 자기는 의인이 된다고 믿는다. 참으로 얼토당토않은 믿음이지만 이 믿음으로 평생을 산다. 이런 인류에게 블랙홀의 개념은 알게 모르게 완전범죄를 꿈꾸도록 부추긴다. 빛조차 탈출하지 못하게 봉인하는 일이 가능한 세상이기 때문이다.

블랙홀 개념은 18세기 계몽주의와 함께 인간 이성의 지평을 확장하는 데 기여했다. 신이 다스리던 영역 안에 맴돌던 사람들의 의식이 울타리 밖으로 훌쩍 뛰쳐나왔다.

그러나 인간이 저지르는 죄 문제만큼은 원시적인 방법 아니고는 해결할 길이 없다. 죄를 지었으면 죄의 값을 지불해야 한다. 인류가 아무리 문명을 발전시키고 학문과 철학과 사상의 외연을 확장해도 죄 문제는 원시적 방법 아니고는 달리 대책이 없다.

21세기에 불어 닥친 미투 운동이 아니었더라면 오늘날 미투에 지목당한 숱한 남성들의 범죄는 마치 블랙홀에 가둬둔 것처럼 꽁꽁 숨었을 것이다.

피해를 입은 여성들도 블랙홀에 자기의 고통을 집어던지고자 했다. 그러나 아무리 해도 다시 돋아나고 다시 돋아났다. 가해자의 블랙홀은 견고했는지 몰라도 피해자의 블랙홀은 허술하기만 했다. 결국 미투 앞에 블랙홀은 항복해야 했다. 사람들은 블랙홀의 개념을 자기들의 죄악을 숨기는 데에 끌어다 붙였다.

블랙홀의 개념!

이렇게 쓰지 않고 달리 활용하는 방법은 없을까?

다윗의 인과에 대한 응보를 꼭 다윗이 겪어내도록 하지 않고, 그것을 블랙홀에 던져버린다면 어떻게 될까. 그렇게만

된다면 하나님은 울고 있는 다윗을 보는 괴로움을 당하지 않아도 될 것이다. 울고 있는 이스라엘을 바라보면서 안타까워하지 않아도 된다.

고대 이스라엘은 솔로몬 치세 말기부터 타락의 길을 걸었다. 엄청난 죄의 업보를 쌓아갔다. 결국 그들은 주전 586년 어간에 바벨론에게 망하고 바벨론의 수도 바빌론에 포로로 끌려갔다. 이른바 바빌론 유수다. 이후 70년 동안 이스라엘이라는 나라가 지구상에서 사라져버렸다.

하나님은 이스라엘을 제사장 역할을 하는 나라로 키우고자 했는데 그들은 다른 길로 갔고 엄청난 응보로서 나라는 파멸하고 백성은 포로가 되었다. 포로가 되어 끌려간 현지에서 그들이 부른 탄식의 노래를 들어보자.

> 우리가
> 바벨론의 여러 강변
> 거기에 앉아서
> 시온을 기억하며 울었도다
> 그 중의 버드나무에
> 우리가 우리의 수금을 걸었나니
> 이는 우리를 사로잡은 자가
> 거기서 우리에게 노래를 청하며

우리를 황폐하게 한 자가 기쁨을 청하고

자기들을 위하여

시온의 노래 중 하나를

노래하라 함이로다

우리가 이방 땅에서

어찌 여호와의 노래를 부를까(시 137:1~4).

이 시는 바벨론으로 끌려간 포로들이 바벨론 감독관들로부터 이스라엘 노래를 불러보라는 권유를 받고, 한탄하며 지어 부른 노래다. 한편 1978년에 독일의 팝 디스코 그룹 보니엠(Boney M)이 '바빌론 강가에서(By the Rivers of Babylon)'라는 노래를 불러 세계적으로 히트했는데 이 노래는 시편 137편을 배경으로 한다. 이 노래가 전 세계적으로 유행할 때, 한국의 가수 정종숙은 '강변의 추억'이란 제목의 노래로 번안하여 불렀다.

이스라엘도 응당 타락의 대가를 치러야 했다. 나라가 망하고 백성은 정복자의 발굽아래서 조롱거리가 되어야 했다. 하나님은 자기 백성이 이렇게 비통에 처한 것을 보면서 그들 이상으로 가슴이 미어졌다. 아무리 하나님이라도 인과응보를 포기하지 않는 한, 업보로 인해 고통당하는 사람들의 눈물을 지켜보아야 한다.

사람들은 자기의 죄를 블랙홀에 봉인하고자 했다. 자기가 당하는 현실의 고통도 거기에 던져버리고 싶어 했다. 죄는 블랙홀에 들어가면 안 되지만 고통은 넣어도 좋지 않을까?

만일 죄과에 대한 응보를 누군가가 대신 삼켜준다면, 욥의 고난도, 다윗 생애의 처절한 비극도, 이스라엘의 멸망도 비껴갈 수 있었을 것이다.

하나님이 그렇게만 해 준다면, 쉰셋까지 비록 죄는 감춰져있었지만 한 가정을 이루고 자녀를 두었고, 연기생활로 수많은 대중들에게 사랑을 받았던 중견 연기자도 미투에 지목되어 자기의 과거 죄 드러남을 못 견디고 비극으로 생애의 끝을 맺지 않아도 될 터이다.

학생들에게 성추행한 죄의 드러남을 못 견디고 서울의 한 대학교수도 스스로 생을 마감했다. 죄는 드러나야 하겠지만 죄의 드러남에 대한 응보로서 그 사람의 목숨이 필요하다면 지나치다. 그렇게 되어서는 하나님의 눈에도 눈물이 마르지 않는다.

'모든 것을 집어삼키는 블랙홀,

빛조차 탈출하지 못하는 블랙홀'

하나님은 거기에 무엇을 던져 넣고 싶을까?

인과응보로 감당하지 않으면 안 되는 사람들의 현실과 미래의 고통을 거기에 집어던진다면 죄인도 살아갈 소망이 있지 않을까?

대부분의 나라 법에는 유예제도가 있다. 선고를 유예하기도 하고, 집행을 유예하기도 한다. 그러면 죄인이라도 감옥에 가지 않고 의인처럼 살아갈 수 있다. 사람들의 이 지혜는 아마도 블랙홀의 개념에서 왔다. 가끔 잘못 사용하는 일이 있지만, 법이 정상을 참작하는 지혜는 사람들이 창안해낸 선이다.

'법에도 눈물이 있다'

이 법언은 사람들이 모처럼 만들어낸 선의 표현이다.

죄는 피해자가 있으므로 반드시 드러나야 한다. 드러내는 것이 백번 옳다. 그래서 미투는 논란의 여지없이 옳다. 그러나 드러난 죄로 인한 응보의 해결을 위한 대책이 있어야 한다. 특히 미투로 지목된 자가 공인일 경우 그가 감내해야 하는 응보는 사람으로서 감당하기 어렵다.

사회의 이목을 집중시키지 않으면서 성폭력 가해자가 고소당하여 재판을 통해 징벌을 받는 사건들은 이전부터 있어왔다. 그러나 미투가 지향하는 바는 개인 뿐 아니라 공익의 우선을 위하여 가해자의 죄목이 세상에 낱낱이 드러나게 된다.

짧지 않은 세월동안 남들이 알 수 없는 고통을 삼키다가 용기를 내어 미투 했다. 죄는 들어남이 옳다. 그러나 미투로 인해 지목 당한 자가 감내해야 하는 사회적 지탄은 홀로 감당하기에는 너무나 버거울 수도 있다. 그 버거움을 던져 넣어야 할 블랙홀이 있어야 한다. 그것이 응보의 블랙홀이다.

이것이 죄는 미워하되 사람은 미워하지 않는 첩경이 아닐까?

27.

신의 한 수

응보의 블랙홀은 누가 만들 수 있을까?

욥과 다윗이 겪어야 했던 끔찍한 고통을 대신 삼켜 주는 블랙홀이 있다면 욥과 다윗이 그런 아픔을 비껴갈 수도 있었다. 미투에 동참한 여성들의 말할 수 없었던 고통도 피할 수 있을 것이다. 가해자로 지목된 이후부터 이루 감당키 어려운 고난의 쓰나미 아래서 스스로 생을 포기하는 질곡의 고통도 극복할 수 있을 것이다.

그렇다면 누가 과연 이 블랙홀을 만들어낼 수 있단 말인가?

인공지능(AI)과 바둑 대결을 펼쳐 유일하게 일승을 따낸 프로기사의 기보에는 절묘한 착점이 하나 있었다. 감히 AI를 갈팡질팡하게 만든 그 한 수가 있었기에 인간이 AI를 대적하여 한 판이나마 이길 수 있었다. 이렇게 절묘한 착점을 사람들은 '신의 한 수'라고 일컫는다.

도저히 인간으로서는 찾아낼 수 없는 비책이라는 뜻이다. 돌파구가 보이지 않았음에도 난관을 극복할 수 있는 계기가 된 변곡점을 사람들은 신의 한 수라고 부른다.

프로축구에는 '극장 골'이 있다. 모든 사람들이 다 진 게임이라고 판단하고 자리를 털고 일어서려는 데 아무도 예상하지 못했던 한 골이 터짐으로써 승부를 뒤집어 극장에서 상영되는 영화의 반전이 주는 감동 그 이상의 감동을 주기에 극장 골이라 한다. 야구에서 9회말 투아웃 이후에 터진 만루 홈런이 그것이다.

사람이 살아가는 세상에도 9회 말 투아웃 볼카운트 쓰리 볼 투 스트라익에서 마지막 남은 한 개의 공을 담장 너머로 날리고 기사회생하는 반전이 있어야 한다. 극장 골도 있어야 하고 신의 한 수도 있어야 한다. 그래야 사람이 사는 세상이다.

성급한 사람들은 이러한 반전으로 삶을 신나게 만드는 제도를 모색한다. 그 제도가 성공하기만 한다면 세상은 훨씬 더 아름답게 될 것이다. 그러나 역사에서 인위적으로 만든 신의 한 수는 성공한 사례가 없다. 대표적으로 복권이다. 푼돈을 투자한 사람들의 돈을 모아 어떤 한 사람에게 몰아주면 그 사람의 인생이 얼마나 신나게 될 것인가에 착안하여 인생의 반전을 꿈꾸었다. 그러나 복권에 당첨되어 인생이 행복하게 되었다는 소식은 아직 없다.

그것은 인간의 한 수이지 신의 한 수가 아니기 때문이다.

신의 한 수는 어떤 이에게 일확천금의 꿈을 이루게 하는 그런 것일 수 없다. 신의 한 수는 단지 한 판의 바둑에서 승리를 따내거나, 축구나 야구 한 게임에서 이기는 것으로 만족하는 것일 수 없다. 진정한 신의 한 수라면 이 세상 모든 이들에게 고루 기쁨이 돌아가는 한 수라야 한다. 마치 가뭄 끝에 소나기가 온 대지를 촉촉이 적시듯 말이다. 겨울 가고 봄이 오면 땅 속에 숨죽이고 있던 씨앗들이 일제히 촉을 틔우는 그런 신의 한 수가 있어야 한다.

그렇게 될 때 고난이 기쁨이 될 수 있다.

진정한 신의 한 수가 있다면 미투의 고통도 해결할 수 있다. 욥에게 인과 없이 닥쳐온 고난도, 다윗에게 업보로 닥쳐온 고난도 신의 한 수가 있어야 해법이 보인다. 신의 한 수는 인간의 한 수가 아니다. 말 그대로 신께서 섭리하는 한 수다.

신의 한 수는 이 세상 모든 이들의 고통과 연관되어야 한다. 사람들은 누구나 고통에서 벗어나고자 하기 때문이다.

과연 우리가 사는 이 세상에 진정한 신의 한 수가 있을까?

한 생명이 천하보다도 귀할진대 아무리 죄가 크다 한들 천하만이야 하겠는가. 아무리 그 사람의 죄가 커도 그 사람의 목숨보다는 작다. 그래서 신의 한 수는 반드시 있어야 한다. 그래서 사람들은 오래 전부터 절묘한 해결책이라고 생각될 때마다 인간의 한 수라고 하지 않았다. 신의 한 수라고 입을 모았다.

모든 이들이 이구동성으로 신의 한 수를 말하는 데, 정작 신의 한 수가 없다는 것은 있을 수 없다. 반드시 신의 한 수가 있기에 사람들이 어렴풋이나마 알아차리고 어떤 말재간꾼이 '신의 한 수'라고 조어를 했고, 듣는 이들 모두가 공감하고 받아들인 개념이 신의 한 수다.

사람들의 생각과 주고받는 언어가운데 있는 것이라면 어딘가 그 실체가 있다고 여기는 것이, 아니라고 우기는 것보다 원만할 뿐 아니라 이치에도 들어맞는다. 아마 그래서 종교가 비롯했을 것이다. 종교마다 자기네의 교리 속에 신의 한 수가 있다고 주장한다.

사람이 종교에 귀의하는 것은 결코 특이한 일이 아니다. 신의 한 수 운운하던 이들이 신에게 귀의하는 것은 자연스러운 일이다. 교회에 대해서 생각해 보지 않았던 사람이 어느 날 신의 품을 파고들었다 해서 전혀 이상하지 않다.

살다보면 누구에게나 신의 한 수가 절실하게 필요할 때가 온다.

만일 태어난 날부터 죽는 날까지 아무런 고통이 없는 삶을 사는 사람이 있다면 그에게는 신의 한 수가 필요치 않을 것이다. 번영 속에서 태어나 풍요 속에서 살고, 자신이 원하는 일을 하는 데 아무런 방해도 받지 않고, 만나고 싶은 사람은 만나고 만나기 싫은 사람은 멀리하는 일에 전혀 어려움 없이 일생을 살았다면 그에게는 신의 한 수는 필요 없다.

인간의 한계를 경험하는 자들에게 신의 한 수는 의미가 있다.

신의 한 수를 그리워하는 삶이 더 나은지, 불편함이라고는 모르고 신의 한 수에 대한 개념조차 모르는 삶이 더 나은지는 차치하고라도 이 세상에는 분명 신의 한 수가 있다!

28.

하나님의 속죄

하나님이 이 모든 문제를 한 눈에 보면서 어떤 조치를 취했다면 그것이 신의 한 수이다.

하나님은 신이다.

하나님은 전능자다.

전능의 개념에는 전지 곧 모든 것을 안다는 의미가 포함된다. 하나님은 전지자이니 해결책도 알고 있을 것이며, 전능자이니 신의 한 수를 두었을 터이다.

원인이 자신에게 있지 않은 중에 고난당하는 욥이나, 고난의 원인이 자신에게서 비롯된 고통을 당하는 다윗을 보면서 창조자이고 전능자인 하나님은 더 고통스러웠다. '남의 불행이 나의 행복'이라는 말은 손톱 밑에 가시만 들어도 아파하는 사람들에게 통하는 속담이지 신적인 존재인 하나님에게는 그럴 리 없다.

자기 속으로 낳은 자식의 불행을 보는 부모의 마음이 찢어지듯이, 자신이 지은 피조물 인간들이 당하는 고통을 보면서 창조자 하나님은 부모 마음 이상으로 가슴이 찢어진다. 부모가 자식의 불행을 해결하기 위해 물불을 가리지 않듯이 창조자 하나님도 자신이 지은 사람들이 행복하지 않은 현실을 보고 물불을 가리지 않는다.

얼마나 가슴이 아팠을까. 하나님은 분명히 이에 어떤 조치를 취했다. 신의 한 수를 두었다.

구약성경이 묘사하는 세상에는 분명히 인과응보가 큰 원칙으로 적용되었다. 다윗을 봐서 그렇다. 이스라엘의 역사도 그렇다.

예외가 있었음도 이미 말했다. 욥의 경우다. 물론 하나님 입장에서 보자면 욥의 고난에도 원인은 있다. 하나님이 천상에서 회의를 소집하고 욥의 신실함을 칭찬했다.

> 여호와께서 사탄에게 이르시되
>
> 네가 내 종 욥을 주의하여 보았느냐
>
> 그와 같이 온전하고 정직하여
>
> 하나님을 경외하며
>
> 악에서 떠난 자는
>
> 세상에 없느니라(욥 1:8).

하나님은 오지랖이 좀 넓은 분인지도 모른다.

자기 보기에 욥이 아무리 좋기로서니 회의석상에서 욥을 그렇게까지 칭찬해야 했을까. 회의를 주재하는 하나님이 욥을 치켜세울 때는 당연히 그에 대한 의견을 듣고 싶어서다. 이 역할은 사탄의 임무다. 사탄은 욥이 그렇게 온전하고 정직하고 하나님을 경외하며 악에서 떠난 것은 하나님이 먼저 그에게 후하게 주었기 때문이라고 간언했다.

하나님은 또 권위주의적이기도 한 분이다.

자신이 한 말에 대하여 토를 다는 것을 잘 참지 못하는 성품이다. 그때 속으로만 '네가 아무리 그래도 내가 본 욥은 그렇지 않아' 하고 말았으면 좋았을 것을, '내가 욥에 대하여 한 말이 옳은지 그른지 네가 시험을 해봐도 좋다'고 사탄에게 덜컥 언질을 주었다.

살다보면 '그 때 그 자리에서 그 말을 참았더라면 더 좋았을 것을' 하면서 후회하는 때가 더러 있다. 우리만 그런 것이 아니다. 우리를 지으신 하나님도 그렇다. 하기야 하나님이 우리를 자기의 형상을 따라 지었으니 어련할까.

욥이 당한 고난의 원인은 하나님의 천상회의 석상에서 하나님과 사탄과의 토론에서 비롯했다. 원인 없는 결과가 없다는 말은 그르지 않다. 원인 없는 결과는 결코 일어날 수 없다.

사람들은 자고나면 죄를 짓는다. 고난의 원인을 끊임없이 만들어낸다. 가는 말이 고와야 오는 말이 고운 법인데 늘 험담을 한다. 내가 심하게 했다고 상대방은 홍두깨를 들고 씩씩거리면서 쫓아온다. 나는 기껏 방망이를 몇 번 휘둘렀을 뿐인데 말이다.

> 사랑은 고심 끝에 나오고 미움은 습관적으로 나온다.
> 따스한 눈길은 애써서 만들어야 하는데
> 째려보는 눈은 연습하지 않아도 잘 만들어진다.
> 인사는 훈련받고 마음먹어야 하게 되고
> 못 본 척 하기는 배우지 않아도 자연스럽게 된다.
> 이해는 애를 써야 할 수 있고
> 오해는 가만히 있어도 저절로 된다.
> 생각이 귀찮다고 그냥 있으면
> 사방을 에워싸는 것은 소외뿐이다.
> 겸손은 애써 가꿔야 자라고 교만은 그냥 둬도 쑥쑥 뻗는다.

다윗은 생각 없이 옥상을 거닐다가 여인의 알몸을 봤다. 사람의 마음은 의식적으로 제어하지 않으면 악하고 게으른 쪽으로 흘러간다. 잠시의 방심이 다윗을 범행 길로 몰아갔다.

말의 등에서 술에 취해 잠이 들면 애마는 주인이 습관적으로 드나들던 기방 앞으로 간다. 술에서 깬 김유신은 정신이

번쩍 나서 말의 목을 베었지만, 다윗은 내친걸음에 밧세바를 품었다. 왕의 손길을 밧세바가 어찌 감히 거부할 수 있을까. 다윗도 알았을 것이다. 밧세바가 사랑하는 사람은 왕 다윗이 아니라 남편 우리아라는 것을.

욥을 칭찬했다가 욥이 당하는 고난을 바라봐야 했던 하나님은 다윗의 범죄로 고난 받아야 할 밧세바를 생각하니 도무지 인내할 수 없었다. 노기가 불덩이같이 충천했다. 당장에 선지자 나단을 파송하여 조목조목 죄를 짚어가면서 그에 따른 추상같은 엄벌을 고지했다.

다행히 다윗이 욥 이상으로 하나님을 경외했다.

다윗이 자기의 잘못보다 고지된 징벌이 턱없이 무겁다고, '자기가 지은 피조물을 지옥에 밀어 넣는 그런 신을 인정할 수 없다.'고 반발하면서 뛰쳐나가지 않은 것이 하나님께는 다행이었다.

다윗은 가장 적절한 때에 맞춰 하나님 앞에 자기 잘못을 통회하고 자복하면서 회개했다. 그렇다고 징벌을 면제할 수는 없었다. 그래서 엄벌을 내렸는데 평생에 걸쳐서 업보를 감당하는 다윗을 바라보는 일이 하나님에게는 더 없는 고통이었다.

"이거, 무슨 수를 내든지 해야지!"

하나님은 수를 내야했다.

그것은 진정한 '신의 한 수'이다. 하나님이 내신 신의 한 수는 무엇인가?

사람들은 눈에 넣어도 아프지 않을 자식들이 고통당할 때, '차라리 내가 아프고 말지!'하면서 자식이 당하는 아픔만이야 못하겠지만 함께 아파한다. 하나님도 그렇다. '다윗! 네가 그렇게 울부짖는 것을 보니 차라리 내가 아프고 말겠다'고 생각했음에 틀림없다. 사람은 자식의 아픔을 대신 아파 줄 수 없고, 자식의 죽음을 대신 죽어줄 수도 없다. 그러나 하나님은 사람이 아니다.

하나님은 전능하므로 대신 아파할 수 있으며, 대신 죽어줄 수 있다. 남이 아파야 하는데 대신 아파주는 일, 남이 매를 맞아야 하는데 대신 매를 맞아주는 일, 남이 죽어야 하는데 대신 죽어주는 일, 이것을 성서에서는 대속(代贖)이라고 일컫는다. 대속은 속죄를 대신해 준다는 뜻이다.

하나님이 속죄를 대신해 준다면 아파야 할 사람은 아프지 않아도 되고, 매를 맞아야 할 사람은 안 맞아도 되며, 죽어야 할 죄인이 죽지 않아도 된다.

하나님은 욥을 보면서, 다윗을 보면서 대속을 결단했다.

더 이상 너희가 아프고, 매 맞으며, 죽는 것을 차마 못 보겠으니, 차라리 내가 대신 아프고, 대신 매를 맞고, 대신 목숨을 내놓겠다!

이것이 신의 한 수다.

이제는 아파야 할 사람이 아프지 않아도 되고, 매를 맞아야 할 사람이 안 맞아도 되고, 죽어야 할 사람이 죽지 않아도 된다. 내가 당해야 할 벌을 하나님이 대신 당해 주었다. 이것은 신의 한 수, 하나님의 속죄(贖罪)다.

속죄는 영어로는 redemption이다. 한자로는 낼 속(贖) 허물 죄(罪)를 쓴다. 속죄의 한자 표기가 대단히 적절하다. 낸다는 것 속(贖)은 학교에 등록금을 내듯이 어떤 의무를 납부하는 것이다. 어떤 이에게 죄가 있다면 죄만큼의 대가를 지불해야 한다. 이것이 속(贖)이다. 그런데 다른 이가 대신 지불하겠다면 이것은 대속(代贖)이 된다.

하나님은 어떻게 우리가 내야 할 죄의 값을 대신 내주었는가?

하나님의 아들이며 하나님과 동등 된 본체인 예수께서 지상에 내려왔다. 이 땅에서 아파야 할 사람들을 대신해서 아파줬다. 매 맞아야 할 사람들을 대신해서 맞아줬다. 죽어 마땅한 죄인들을 대신해서 죽어줬다.

아파주고, 맞아주고, 죽어줬다.

여기서 '주다'에 주목할 필요가 있다. 한자로 낼 속(贖), 내가 내야할 부담금을 그가 대신 내 줬다. 이것이 속(贖)이다. 내가 죄 때문에 내야 할 부담금 곧 죄 값을 내주니 그것이 속죄(贖罪)이다. 대신 내주었음을 강조할 때는 대속(代贖)이다. 신의 한 수다.

예수는 사람들의 죄와 슬픔을 끌어당겨 삼키는 블랙홀이 되었다.

예수의 십자가 죽음으로써 이 세상에 인과응보는 빛을 잃었다. 인과응보가 횡행하는 세상은 종언을 고해야 했다. 예수가 죄와 슬픔의 블랙홀이 되었기 때문이다. 단지 죄와 슬픔의 블랙홀을 모르는 이들은 아직도 인과응보를 자신에게 적용한다.

'전생에 내가 무슨 죄를 그리도 많이도 지었기에!'

고난이 닥치면 한국인들이 으레 하는 독백이다.

자기 생각에는 아무리 샅샅이 뒤져보아도 자신이 이만큼의 고난을 당해야 할 만한 죄를 발견하지 못했기 때문에 그렇게 탄식한다. 사람들의 의식구조 속에 원인 없는 결과가 있을 수 없다는 생각은 그 뿌리가 대단히 깊다. 어쩌다가 그동안은 감지하지 못했던 자기의 죄를 발견하게 되면 그 죄를 지금 당하는 자기의 고난과 결부시키기도 한다.

29.

속죄에 대하여, 회개에 대하여

속죄는 범죄로 인해 부담해야 할 무언가를 납부하는 일이다.

금전으로 배상해야 할 범죄라면 금전을 납부해야 한다. 감옥살이에 해당하는 범죄에는 감옥살이를 해야 한다. 사형에 해당하는 죄를 지었다면 자기 목숨을 죄 값으로 내놔야 한다. 이것이 속죄다.

속죄를 남이 대신 해주면 대속이다. 그런데 하나님이 신의 한 수를 두었다. 인간의 범죄로 인한 청구서를 하나님이 받아보고 대신 납부하겠다는 것이다.

하나님은 이 땅의 죄인들에게 자기 범죄에 따라 필히 내야 할 부담, 그것이 목숨이 될 수도 있고 형벌이 될 수도 있는데, 하나님은 범죄에 따른 그 부담을 범죄인에게 직접 납부하라고 하지 않고 대신 납부 해 줌으로써 인생에서 반전이 가능하도록 했다.

범죄 함으로써 타자에게 손괴를 입혔다면 당연히 원상을 회복해 주어야 한다. 손괴한 것이 재산이든, 명예든, 권력이든, 생명이든, 죄인은 이것의 원상을 복구해놓아야 죄 문제가 해결될 수 있다. 그렇다면 범죄 이후 범죄자가 원상을 회복할 수 있는 능력이 있는가에 관한 문제가 대두된다.

다윗은 밧세바를 성폭행하고 그의 남편 우리아를 죽이는 범죄를 저질렀다. 범행을 한 다윗에게 이 사건이 일어나기 전 상태 즉, 원상을 회복시킬 수 능력이 있는지 생각해 볼 필요가 있다.

우리아는 생명을 잃었다. 다윗은 우리아의 생명을 되살릴 수 없다. 그러므로 다윗은 속죄할 수 없다. 밧세바는 성폭행을 당하고 남편을 잃고 원하지 않는 임신을 했다. 다윗은 자기 범행으로 파생된 이 상황을 되돌릴 수 없다. 그러므로 다윗은 속죄할 수 없다.

인간은 자신이 행한 범죄에 대하여 속죄할 능력이 원천적으로 없는 존재다. 그럼에도 죄를 범하기에 죄의 무게가 더 깊고 무겁다. 불가피하게 범죄자에게는 원상회복이 아닌 다른 부담을 부과할 수밖에 없다. 원상회복이 아닌 다른 수단과 방법으로 범죄자는 속죄를 대체해야 한다.

여기서 범죄로 인한 피해와 속죄, 둘 간의 균형 문제가 발생한다. 범죄는 큰데 속죄가 작거나, 범죄는 작은데 속죄가 크다는 문제가 발생하기도 한다. 인간의 지혜로 과연 이 문제를 해결할 수 있을지 의문이다.

전능자 하나님이 신의 한 수를 둔 것은 속죄가 이토록 까다로울 뿐 아니라 범죄로 인해 벌어진 양상이 마치 쏟아진 물처럼 다시 담을 수 없기 때문이기도 하다. 그럼에도 인간이 자기들의 지혜와 법으로 해결 가능하다고 외친다면 그것은 교만이다. 법과 법을 집행하는 일련의 과정으로서 범죄 문제를 근본적으로 해결할 수 있다고 믿으며 평생을 살다 죽었다면 이 또한 용서받기 힘든 교만의 범죄자다.

하나님의 신의 한 수에서 하나 더 살펴 볼 것이 있다.

하나님은 신의 한 수로 모든 죄인의 속죄를 예수 그리스도의 십자가로써 대신했다. 그런데 만일 하나님이 이 세상 모든 사람들의 모든 범죄에 대하여 그렇게 한다면 심각한 문제가 야기된다.

어떠한 범죄를 저지를지라도 십자가에 매달려 죽은 예수의 수모와 고난과 생명의 희생으로 속죄된다면 굳이 내가 범죄를 기피해야 할 이유가 없다. 범죄 후 양심의 가책을 전혀 느끼지 않아도 된다. 하나님의 신의 한 수에서 이 문제는 어떻게 해결되는지 봐야 할 차례다.

하나님은 범죄 한 인간에게 회개를 요청했다.

'잘못을 뉘우치고 바로잡음'

회개의 사전적 의미다. 그러나 하나님이 죄 지은 인간에게 요청한 회개는 이와는 다르다. '바로잡음'은 범죄한 인간의 능력을 벗어나는 일이기 때문이다. 사람은 죄를 뉘우칠 수는 있지만 자신의 범죄로 어그러진 것을 다시 세우지 못한다. 하나님은 그래서 죄인이 할 수 있는 능력 안에서 청구한다.

'잘못을 뉘우치고 고백하라!'

하나님이 죄인에게 구하는 회개다. 뉘우치고 하나님 앞에 와서 고백하라, 그러면 뒷감당은 하나님이 하겠다는 것이다.

'죄인이 회개하면, 하나님이 속죄한다!'

이것이 하나님의 제안이다.

회개하라 천국이 가까이 왔느니라(마 4:7).

예수 그리스도의 세상을 향한 첫 마디다.

하나님 앞에 사람들은 모두 죄인이다. 죄인들이 해야 할 일은 회개다. 회개하면 죄에 대한 징벌은 예수의 십자가 죽음으로 대신 속죄 즉, 대속하겠다고 선포했다.

죄가 더한 곳에 은혜가 더욱 넘쳤나니 (롬 5:20).

인과응보의 시대는 십자가 사건에서 끝이 났다.
죄가 더한 곳에 인과응보도 더 하던 시대는 끝났다.
사람들의 죄(인과)에 대한 형벌(응보)은 예수 그리스도의 십자가 블랙홀처럼 빨아들였다. 예수 그리스도 이후 '죄가 더한 곳에 은혜가 더욱 넘치는 시대'가 되었다. 이 은혜가 회개하고 구원받은 이가 누리는 인생 반전이다. 극장 골이고, 9회 말 투아웃 쓰리 볼 투 스트라익에서 날리는 만루 홈런의 역전타구다.

회개를 신께 해야 하는 이유가 자명해졌다.
하나님이 이렇게 섭리한 이유가 있다.
자녀는 대개 부모의 장례를 지른 다음에야 부모님 살아생전에 자기가 지은 죄를 깨닫는다. 통한의 눈물을 흘리며 회개하고자 하나 이미 때가 늦었다.

영화 '밀양'에서 살인범은 감옥에 수감되어 있으면서 자신이 저지른 범죄에 대한 회한에 사무쳤다. 무엇보다도 자기

손에 숨이 끊어진 피해자의 마지막 모습을 떠올리며 그에게 회개하고 싶었다. 그로부터 용서 받고 싶었다. 그는 아이의 어머니에게 회개함으로써 용서받으리라고는 생각할 수 없는 처지다.

범죄자는 이 현실이 얼마나 참담했을까?

죄인이 피해자가 아닌 하나님께 회개함으로써 자기의 죄 문제를 해결할 수 있다는 신의 배려는 그래서 기쁜 소식 즉, 복음이다. 다윗도 영화 밀양의 죄인도 그래서 하나님께 회개했다.

제6부

A.D. 100
밧세바의 미투

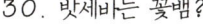

30. 밧세바는 꽃뱀?
31. 다윗은 밧세바에게 사과했을까?
32. 미투에 지목되었다면
33. 여자의 일생
34. 밧세바의 #MeToo

30.

밧세바는 꽃뱀?

　성경은 성폭행 피해자인 밧세바의 심리에 대하여 세세하게 설명하지 않는다. 밧세바가 자신이 당한 사건에 대하여 가타부타 말했다는 기록도 없다. 그리고 다윗과 밧세바가 부부로서 어떤 삶을 살았는지에 대한 정보도 성경은 아꼈다. 이로 인해 밧세바의 일생에 대하여 후대의 사람들은 다양한 추측을 한다.

　현대에 이르기까지 성폭행 사건을 대하는 세상의 시각은 여성에게 불리하다. 남성의 성적인 욕구를 여성이 자극했다는 관점을 들춘다. 밧세바를 보는 시각에도 이러한 경향이 있다.

　밧세바는 밖에서 안을 들여다볼 수 있는 욕실에서 몸을 씻었다. 왜 그렇게 했느냐고 따진다. 더욱이 밤도 아닌 낮에 그렇게 했다. 또 그 창을 들여다볼 수 있는 건축물 중에는 왕궁이 있었다. 왕궁의 옥상에서 바라보면 훤히 보이는 창이 나

있다. 밧세바는 거기서 알몸에 물을 끼얹어 씻고 있었다. 밧세바의 남편은 전쟁이 나서 장기간 집을 비우고 있었다. 게다가 밧세바는 그 날 벌어진 일로 신분이 수직상승했다.

세상의 인심이라면 꽃뱀이라고 손가락질할 만하다.

듣고 보니 그럴 듯하다. 게다가 밧세바를 탓할수록 다윗에게는 고매한 인품을 지닌 인격자라는 반사이익이 돌아간다.

기독교 신앙에서 다윗은 가장 빼어난 인물이다. 다윗은 하나님의 마음에 합한 사람이라고 일컬어진 유일한 왕이다(행 13:22; 삼상 13:14). 남자의 씨를 받아 자궁에 수태되어 태어난 인물 중에서 가장 위대한 왕이 다윗이다.

다윗은 후대에 의해 더욱 선한 왕의 표본으로 꾸며진다.

신학적으로도 다윗은 예수 그리스도의 예표로 추앙된다. 그런데 다윗의 성범죄 전과가 걸림돌로 보인다. 다윗의 인품과 부합하지 않는 듯하다.

다윗과 밧세바 스캔들은 다윗의 탓이라기보다는 밧세바에게 귀책사유를 돌려야 이치에 닿지 않을까?

이러다보니 밧세바는 영락없는 '꽃뱀'이다.

어떤 인물을 높이기 위한 주변 인물의 평가절하는 종종 있다.

마치 제로섬게임처럼 밧세바를 정숙한 여인의 반열에 놓으면 다윗의 훌륭함은 그만큼 줄어든다. 밧세바가 요망할수록 다윗은 높아진다. 그러나 이런 방식의 의식화는 바르지 않다. 성서의 기자들도 이것이 옳지 않음을 잘 알고 있다. 성서는 밧세바를 격하시킴으로써 다윗을 격상시키려 하지 않는다. 대단히 냉철한 관점에서 가감 없이 기록할 뿐이다.

밧세바는 유대인의 혈통에서 태어났다.

밧세바의 부모님과 할아버지 '아히도벨'의 각별한 사랑 속에서 자랐다. 결혼 적령기에 이르러 청년 '우리아'를 만나 결혼했다. 결혼 후 남편이 전쟁터에 나가있는 동안 밧세바는 남편이 무사히 돌아오기를 하나님께 기도하면서 하루하루 보내고 있었다. 그런 중에 생리가 왔다. 이스라엘 율법에서 생리 중인 여성은 부정하게 여긴다. 생리가 끝나고 이레가 지나면 목욕을 함으로써 정결케 된다(삼하 11:4).

정결례에 따라 몸을 씻는데 다윗이 훔쳐봤다.

성경의 독자들은 밧세바의 한 여인으로서의 슬픔보다는 하루 밤 왕의 노리개가 된 것을 기회로 신분이 수직상승하여 왕비가 되었음을 먼저 인지한다. 당시 여성으로 올라갈 수 있는 최고의 신분에 오른 밧세바를 주시할 뿐, 그녀의 인생 곡절이나 남편을 잃은 슬픔에는 눈길을 주지 않는다.

우리아의 아내에서 다윗의 수십 명 왕비들 중 하나가 된 밧세바가 이전보다 더 행복했을 거라고 막연하게 단정한다.

과연 그럴까?

우리아와 밧세바 부부의 사랑지수를 가늠할 수 있는 성경의 근거가 있다. 나단 선지자가 다윗 왕을 찾아 책망하기 위해서 먼저 들려준 예화에 주목할 필요가 있다. 나단 선지자는 다윗을 '부자'로 우리아를 '가난뱅이'로 비유하여 우화를 만들어 들려주었다. 부자에게는 양이나 소가 심히 많았지만, 가난뱅이는 아무 것도 없고 오직 새끼 암양 한 마리뿐이었다고 했다. 그 새끼 암양은 가난한 자의 품에서 자는 딸과 같다고 했다.

밧세바는 우리아의 전 재산이었다. 잠잘 때도 한 이불에서 재우는 딸과 같은 암양이었다. 대부분의 젊은 부부들이 그랬듯이 우리아와 밧세바는 한참 깨소금 쏟아지는 부부였다.

나단 선지자의 비유 이야기 끝은 부자가 가난뱅이 소유의 새끼 암양을 빼앗아다가 '잡았다'고 했다. 잡았다는 말은 손님을 위한 요리를 만들려고 새끼 암양을 죽였다는 뜻이다. 밧세바는 다윗 왕의 일시적 욕망에 희생되어 '죽었다'는 것이 나단 선지자의 해석이다.

남편이 있음에도 왕의 절대 권력에 저항하지 못하고 성폭력을 당한 밧세바는 여성으로서의 생명을 그 순간 잃었다. 나단 선지지자에 의하면 여성이 정절을 잃는 것은 곧 목숨을 잃음이다.

자기를 성폭행한 남성이 왕이라고 해서 용서가 되었다고 말할 수 없다. 자기가 당한 성폭행으로 신분이 급격히 올랐다고 해서 가해자가 용서 되었다고 말할 수 없다. 가해자가 남편이 되어서 한 평생을 같이 살게 되었다고 해서 그날의 사건이 용서되는 것도 아니다.

31.

다윗은 밧세바에게 사과했을까?

F-타입의 남성 세겜은 디나를 겁탈하고 불같은 정이 타올라 결혼하겠다고 나섰다가 멸문지화를 자초했다. 다윗은 사랑의 감정이전에 육신의 정욕으로 밧세바를 취하고 엉겁결에 왕비로 맞이했다. 우리아의 아내로 평범하게 살아갔을지도 모를 밧세바의 운명을 다윗이 휘저어놓았다. 성경에서 다윗이 밧세바에게 회개했다는 언급이 없다.

회개는 사람 사이에서 오가는 말이기보다는 신적인 용어다.

그러면 사람과 사람 사이에서 잘못을 저지른 이가 피해를 입은 이에게는 무엇을 해야 하는가. 우리말 사전에 '사과'가 있다.

'잘못에 대해 용서를 빎'

대단히 적합한 말이다. 잘못에 대해서는 피해자에게 용서를 구해야 한다. 이것이 사과다. 용서를 빌 때는 상대가 입은 피해의 정도에 따른 적절한 배상을 함으로써 피해자가 용서를 받아들일 수 있도록 해야 한다. 이 부분에서 '회개'의 의미가 중첩된다. 그래서 사람들은 간혹 사과와 회개를 섞어 쓰기도 한다.

이 책에서는 회개는 신적인 용어로 정의하고, 사람들 사이에서는 사과라는 말을 쓰자고 제안한다. 그렇게 할 수 있는 정황이 있다. 한글 개역개정판 성경을 검색해보면 '회개'라는 단어는 60여회 나온다. 그러나 '사과'는 과일을 지칭할 때를 제외하고는 거의 쓰이지 않았다. 우리말 성경으로 번역하는 과정에서 회개를 신적인 용어로 활용했음을 반증한다고 볼 수 있다.

어떤 사람이 자기에게 잘못을 범했을 때도, '그로부터 사과를 받고 싶다.' 혹은 '사과를 받아야 한다.'라고 말하는 것이 자연스럽다. '그로부터 회개를 받아내겠다.'든지 '회개를 받아야 한다.'고는 하지 않는다.

성경에서 '회개'보다 '사과'라는 단어가 귀하다보니 다윗이 밧세바에게 사과했다는 기록은 없다. 회개했다는 말도 없다는 것은 이미 위에서 누차 밝혔다.

그렇다면 다윗은 밧세바에게 그러한 잘못을 저지르고도

사과 한마디 없었을까?

말로 하는 사과는 없었을지라도 다윗이 행동으로 사과했을 것으로 유추할 수 있는 근거는 많다. I-타입 남성 암논은 타마르를 강제로 취한 직후 팽개쳤다. 그러나 다윗은 밧세바를 왕비로 예우했다. 다윗이 여러 왕비들 중에서 특히 어떤 이를 더 총애했다는 기록은 없지만 밧세바가 왕자를 많이 낳은 것을 보면 둘 사이에 불화는 없었던 것으로 이해할 수 있다.

더욱이 밧세바의 소생 솔로몬을 자기의 후계자 왕으로 세웠다. 오늘의 성경 독자라면 다윗이 밧세바에게 충분히 사과했을 것으로 여기는 경향이 있다. 그러나 밧세바가 여자로서 한 평생을 살아간 여로(旅路)는 세밀한 주의를 기울이면서 해석할 필요가 있다.

밧세바의 '여자의 일생'으로 들여다 보기 전에 미투에 지목된 이들을 먼저 돌아 보자. 그들도 하나님에게는 깨물면 아픈 손가락이다.

미투에 지목되었다면

예수 그리스도 이후 세 번째 맞이하는 밀레니엄은 미투 운동으로 시작되었다.

첫 사람 아담과 하와 가정 이래로 여성이 받은 숱한 불이익 중에서도 성적인 분야의 억압에 온 인류가 초점을 맞추고 있다. 역사가 기록된 이후 인류가 처음 경험하는 일이 아닌가 한다. 그러나 미투 운동의 근본도 죄의 문제라는 점에서 아주 낯설지는 않다.

어떤 행동을 죄로 정죄하기 위해서는 마땅한 근거가 있어야 한다. 그 근거가 도덕과 윤리 혹은 규범이다. 현대 입헌주의 국가는 그래서 체계적이고 다양한 법을 제정한다. 그 법에 저촉되는 행위를 죄로 판결한다. 한국에서 미투 운동은 법을 전문적으로 다루는 두 사람 사이에서 벌어진 사건에 여론이 집중되면서 불붙기 시작했다.

법은 죄를 정하기 위하여 만들어진 규범이다. 그 법 전문가들 중에서 한 여성 검사는 미투를 했고, 미투에 지목당한 사람은 최근에 검사직에서 물러난 남성이다. 현대 사회에서 죄의 문제는 결국 현재 효력을 발하고 있는 법 조항으로 마무리해야 한다.

성경에서는 어떤가?

성경에는 방대하고 치밀하며 법의 발원을 분명히 밝히는 율법과 규범이 들어있다. 세상의 법은 지역에 따라, 시기에 따라 변하기도 하고 새로 제정되기도 하며, 있던 법이 폐기되기도 한다. 그러나 성경에 기록한 법은 쓰여진 시점부터 지금까지 전혀 변개되지 않는 절대성을 보유하고 있다. 그래서 법을 다루려면 반드시 성경의 법을 보아야 한다.

성경에는 다양한 성범죄 사건의 기록과 함께 법전이 있다. 하나님은 이스라엘 백성에게 명령한다.

> 너희는 세상의 풍속을 따르지 말고
> 내 규례와 내 법도를 지키라
> 그리하면 살리라(레 18:1~5, 발췌).

성경은 법을 지키는 목적을 살기 위함이라고 천명한다. 법을 지켜 얻는 것이 생명이라는 뜻이다. 어떤 법을 지켜야 하는가에 대한 질문에는 "내 규례와 내 법도를 지켜라!"고 하나님이 말한다.

검사가 범죄자의 형량을 청구하기 위하여 정죄하는 과정에서 기준은 세상 법전이다. 세상의 법은 입헌주의 국가에서는 국회가 제정한다. 사람들은 모두 자기 나라 국회에서 제정된 법을 지켜야 한다. 그 법에 순응하면서 체제와 질서를 유지한다. 그러나 성서는 하나님의 법을 지키라고 강조하고, 하나님의 법을 지킴으로써 생명을 얻게 된다고 말한다.

입헌주의 국가의 국회에서 제정하는 법률 제정의 뿌리는 사람의 필요에서 발아한다. 다양한 사람의 이익에 따라 서로 대립해 가면서 법률이 탄생한다. 이때 작용하는 각 이익단체는 불가피하게 힘겨루기를 하게 될 때도 있다. 여기서 상대적으로 우위를 점한 단체의 의견이 법률에 반영되는데 이로 인해 약자 권익 보호를 위한 법률안은 밀려나기도 한다. 약육강식이 반영되고 자연 도태의 이치가 작용할 수밖에 없다.

사람들이 정하는 법은 나라에 따라 다르다.

한 국가에서 옳다고 정의된 가치가 다른 국가에서는 악으로 정의되기도 한다. 역사적으로도 법은 변천한다. 어떤 시대에는 절대선이었지만 후대에 가서는 그 가치가 휴지통으로 들어가기도 한다.

세상의 법은 상대적이지만 성경의 법은 절대적이다.

시대에 따라 변하지도 않고 지역에 따라 차등 적용되지도 않는다. 성경의 법률 제정 근원은 오직 '하나님의 명령'이라는 특징을 가진다. 인간의 편에서 하나님이 옳으냐 그르냐, 혹은 하나님의 취향이 어떤 것이냐를 따지지 않는다. 성서의 법은 하나님의 속성이 기준이다. 하나님이 어떤 속성을 지녔는가는 그래서 대단히 중요하다.

성서의 법은 하나님의 언설에서 발원한다.

하나님은 성적인 분야에 대해서도 분명히 말함으로써 법 제정의 원칙을 밝혀 두었다.

> 각 사람은
> 자기의 살붙이를 가까이 하여 그의 하체를 범하지 말라
> 나는 여호와이니라(레 18:6).

누구의 법을 지켜야 할 것인지를 말하고 이어서 성경은 성적인 규례와 법도를 말한다. 근친상간이 죄가 됨을 성경은 '살붙이의 하체는 범하면 안 된다'고 말함으로써 정죄의 근거를 마련했다.

살붙이 중에서 가장 중요한 사람은 아버지이다. 하체를

범하면 안 되는 이유가 아버지이기 때문이라고 성경은 밝힌다. 어머니의 하체는 곧 아버지의 하체이기에 범하면 안 된다. 아버지의 아내인 여인의 하체는 곧 아버지의 하체이기에 범하면 안 된다.

아버지의 자녀를 범하면 안 된다. 그들의 하체가 곧 아버지의 하체이기 때문이다. 또한 자기 자녀의 하체는 자기의 하체이기 때문에 범하면 안 된다. 하나님은 피붙이의 하체를 범하는 일을 악으로 규정했다.

성경에서 정하는 법을 어기는 일이 '악행'이 되는 이유는 하나님 명령에 대한 거역이기 때문이라고 선언한다. 세상의 법을 지킴으로 얻는 유익은 한마디로 질서다. 그러나 성서에서 명시하는 하나님의 법을 지켜 얻는 것은 '살리라!'는 것이다. 누구도 세상 법을 지킴으로 생명을 얻을 수 있다고 말하지 않는다. 그러나 하나님의 법을 지키면 생명을 얻는다.

간음하지 말라

(출 20:14, 십계명 중 제칠 계명)

네 이웃의 집을 탐내지 말라

네 이웃의 아내나

그의 남종이나 그의 여종이나 그의 소나 그의 나귀나

무릇 네 이웃의 소유를 탐내지 말라

(출 20:17, 십계명 중 제십 계명).

성경은 남녀 간의 성 도덕과 윤리에 대한 강령을 분명히 선언한다. 성경은 죄의 우열과 순서를 정하지 않지만 사람과 사람 사이의 죄를 특히 엄하게 다스린다. 성경에 서술되는 많은 성폭력 사건을 유심히 읽어 보면 한번 발생한 사건에는 반드시 엄한 징벌이 따랐음을 알 수 있다. 그중에서 가장 두드러진 사례가 다윗의 경우다.

미투에 관심이 있거나 미투했거나 미투에 지목이 되었다면 다윗과 밧세바의 사례를 볼 필요가 있다. 그리고 밧세바를 보아야 한다. 다윗처럼 회개하고 밧세바의 짓무르는 심장을 보아야 한다. 그리고 죄를 바라보아야 한다. 죄에 대한 인식을 새롭게 해야 한다.

미투에 지목당한 남성이 알아야 할 것이 또 하나 있다. 지금까지 살아오는 동안에 자신이 저지른 죄 중에서 미투하는 여성 피해자에게 서시른 죄는 빙산의 일각이요, 쇠털같이 많은 죄 중에서 겨우 털 한 오라기에 불과하다는 것을 알아야 한다. 그러나 쇠털같이 숱한 죄라도 신의 한 수에 의해서 해결이 가능하다는 것도 알아야 한다.

죄 해결의 첫 단추가 회개라는 것도 알아야 한다. 사람이 살아있다는 것은 회개할 기회가 아직 있다는 것을 의미한다. 또 사람이 살아있다는 것은 자기에게 용서를 구하는 자에게 용서할 수 있는 기회가 아직 있다는 것을 의미한다.

여자의 일생

밧세바는 평범한 한 남자의 아내에서 일약 왕비가 되었다.

그러나 왕비는 하나둘이 아니다. 수십 명이다. 왕비들은 치열한 다툼을 벌이지 않으면 안 되는 운명을 가진다. 남편이 가진 권력을 나눠 갖거나, 남편의 사랑을 차지하거나 둘 중의 하나는 반드시 쟁취하여야 한다. 둘 다 갖는 경우도 있지만 둘 다 못 가지는 왕비도 수다하다. 밧세바가 헤쳐 나가지 않으면 안 되는 궁궐 내전의 역학 관계다.

밧세바는 태중에 아이를 가진 채 궁중에 들어갔다.

한동안은 나윗 왕의 관심을 받으면서 출산할 수 있었다. 아이의 탄생에 궁중과 온 나라가 기뻐했다. 그러나 그 기쁨은 오래가지 않았다. 나단 선지자가 이미 예고했던 바와 같이 아이는 숨을 부지하지 못했다. 다윗과 밧세바가 겪는 첫 번째 참척의 고난이었다. 밧세바는 이후로 아들 넷을 낳았다. 아들 중 하나가 솔로몬이다.

밧세바는 왕족 공동체에 속하여 살아간다.

그런데 그 왕족 안에서 끊임없이 사건 사고가 터진다. 이 책의 윗부분에서 살핀 암논의 성폭력 사건과 그로 인해서 압살롬이 이복형제 간 피비린내를 불러일으키는 사건들, 밧세바가 다윗과 함께 직접 겪어내지 않으면 안 되는 참담한 사건이었다. 밧세바의 소생은 아니지만 이들은 모두 남편 다윗의 자녀들이다. 이들의 작은어머니 혹은 큰어머니로서 밧세바는 비극적 가정사를 감당해야 했다. 참혹한 소용돌이 속에서 밧세바는 숨 한번 크게 쉴 수 없었다.

압살롬이 아버지 다윗 왕을 반역하는 사건도 밧세바는 함께 겪는다. 밧세바는 다윗 왕이 아들 압살롬을 피하여 요단강 동편으로 피난을 갈 때 함께 갔지만, 예루살렘 궁궐에는 다윗 왕의 왕비 열 명이 남게 되었다. 이들을 모두 데리고 피난할 수 없었기 때문이다.

다윗이 피난한 직후 왕궁을 점령한 압살롬은 자기 아버지의 아내들인 후궁을 백주에 옥상에서 간통했다는 소식을 밧세바도 들어야 했다. 모골이 송연하다.

어찌 이런 일들이 일어난단 말인가?

비극은 거대한 바람이 일으키는 파도와 같이 연거푸 밀려왔다.

이번에는 남편 다윗의 군사와 외동서인 '마아가' 소생 압살롬의 반란군이 정면으로 충돌했다. 다윗은 이 내전에서 또 한 명의 아들을 잃는다. 생애 중 세 번째의 참척이다. 처음은 밧세바가 낳은 아들이었고, 두 번째는 압살롬에 의해 숨진 암논, 그리고 이번에는 압살롬의 죽음이다. 남편 다윗은 압살롬의 죽음 앞에서 비탄에 젖어들었다.

밧세바는 이런 참사를 겪을 때마다 전 남편 우리아와 살던 때를 떠올렸다. 그때는 배는 고팠어도 이렇게 고통스럽지는 않았다. 우리아가 자신이 아닌 다른 여자를 사랑하는 일도 없었다. 우리아는 오직 자기만의 남자였고, 밧세바는 오직 우리아만의 여자로 살고 있었다.

그때는 지금처럼 시시때때로 정치적, 군사적 격랑 속에서 가슴이 콩알만 하게 졸아드는 일도 없었다. 밧세바는 점차 세상으로부터 고개를 돌려 외면하고 있었다. 정치적인 일에는 애써 모른 체하고 말수가 줄어드는 가운데 하루하루 지냈다.

다윗 왕은 밧세바를 왕비로 들인 이후에도 꽤 여럿의 여인들을 아내로 맞아돌였다. 그런 일에도 애써 태연한 척하지 않으면 안 되었다. 자칫 왕을 향해 질투의 속내를 드러냈다가는 어떤 험난한 결과가 닥칠지 알 수 없다.

성서는 다윗의 첫 번째 아내로서 사울 왕의 딸 미갈에 대해 서술한다. 미갈은 친정아버지가 왕이었던 까닭인지 남편 다윗 앞에서도 자기의 소견을 적극적으로 말하는 여성이었다. 남편의 행동이 자기 맘에 들지 않으면 주저하지 않고 나서서 꾸짖기도 했다.

여호와 하나님의 언약궤를 왕궁의 처소로 옮길 때 다윗왕은 아랫도리가 왕복 밖으로 드러나는 것도 모르고 덩실덩실 춤을 추었다. 이층에서 이를 내려다 본 미갈은 술에 취해 방탕하는 자가 수치심을 모르고 하체를 드러내듯이, 왕이 체통도 없이 아랫것들 앞에서 아랫도리를 드러냈다고 다윗에게 비난을 퍼부었다. 이에 다윗은 자기의 행동은 하나님 앞에서 한 것이라고 대꾸하고 그 다음부터 미갈을 찾지 않아 생과부를 만들었다.

일찍이 미갈은 친정아버지로부터 남편을 보호하기 위해 아버지를 배신하는 길을 택했다. 다윗을 창문 밖으로 밧줄에 달아 내리고, 추격하는 협객들을 따돌리기도 했다. 그러나 다윗의 외면으로 미갈은 평생 독수공방했다.

역사를 보면 간혹 왕비가 실권을 틀어쥐고 한 나라를 쥐락펴락한 경우도 드물지 않다. 그러나 다윗의 왕비들은 대부분 자기 목소리를 내지 않았다.

다윗이 늙어 죽음을 목전에 두었을 때였다. 조정에서는 다윗의 식어가는 수족을 따뜻하게 해 줄 동정녀를 택하여 다윗의 침소에 들여보내자는 결정을 했다. 그에 따라 '아비삭'이라는 소녀가 간택되어 다윗 말년에 다윗의 침소에 들었는데 다윗은 이미 성교 능력이 소실된 이후였다.

다윗이 아비삭의 헌신으로 임종을 앞두고 있을 때 왕자들 중에서는 후임 왕이 누가 될 것인가에 초점이 모아졌다. 이 당시 여러 왕자 중에 맏이는 '아도니야'였다. 그는 장자에게는 두 배의 유산이 주어지는 이스라엘의 전통에 따라 후임 왕은 자신이 되어야 한다면서 서둘러 세력을 모아 왕위 즉위식을 거행했다.

상황이 이렇게 급박하게 돌아가는 데도 밧세바는 어떤 행동도 취하지 않았다. 그저 바라만 보고 있을 뿐이었다.

이때 선지자 나단이 밧세바를 황급히 찾아갔다.

아도니야가 왕이 되는 날에는 밧세바는 물론 밧세바 소생의 왕자들까지 위태롭다. 나단 선지자는 밧세바 소생 중에서 솔로몬이 왕이 되어야 한다고 설득하면서 밧세바에게 다윗 왕을 만나라고 재촉했다.

밧세바는 자기가 다윗을 만나 무슨 말을 어떻게 해야 하는지 물었다. 밧세비는 이때까지 자신이 다윗 왕을 찾아가 해야 할 말이 없다고 생각했기 때문이다. 다윗을 찾아가 해야 할 말을 나단 선지자는 밧세바에게 꼼꼼히 일러줬다.

전하께서 이전에 소첩에게 이르시기를

솔로몬이 내 뒤를 이어 왕위에 올라야 하리라고 말씀하셨습니다.
그 약속이 이루어지게 하옵소서(왕상 1:13~31에서 발췌).

사실 다윗 왕이 밧세바에게 이렇게 말했다는 기록은 성경에 나와 있지 않다. 그럼에도 나단 선지자는 밧세바에게 세세하게 일러주어서 밧세바가 다윗 왕의 침소로 들어가도록 했다.

밧세바는 눈과 귀가 이미 어두워지고 총기도 흐려진 다윗에게 나단이 일러 준 말을 그대로 읊조렸다. 밧세바가 이 말을 아뢸 때 나단 선지자가 때를 맞춰 다윗 왕의 침소에 든다.

나단은 다윗 왕에게 묻는다.

"아도니야가 왕의 뒤를 이어 왕위에 올라야 하리라고 말씀한 일이 있나이까?"

이때 다윗은 잠시 비켜 서 있던 밧세바를 부르면서 힘겹게 말을 잇는다.

"내가 이전에 하나님 살아계심을 두고 밧세바에게 맹세했던 그대로 솔로몬이 반드시 나를 이어 왕이 되고 나를 대신하여 내 왕위에 앉도록 하라!"

다윗이 임종 전에 이렇게 말한 것으로 보아 다윗이 일찍이 자기의 후계 구도를 언급하면서 솔로몬이 내 왕위를 물려받게 될 것이라는 언급을 했을 것으로 유추하는 것도 무리는 아니다. 그러나 성서에 다윗이 그렇게 말했다는 기록은 없다.

만일 다윗이 그랬다면 아도니아가 부왕의 명령을 어기고 스스로 왕위에 앉으려 하지 않았을 것이다.

이런 고비를 넘기고 밧세바는 다윗의 왕비 자리에서 자기 소생 솔로몬 왕의 왕대비가 되었다. 이스라엘 왕실 권력의 중심이 밧세바에게로 현격하게 기울었다. 다윗 왕 서거 후 밧세바는 왕비들 간의 질투에서도 권력 다툼에서도 벗어나 고고한 자리에 홀로 앉게 되었다.

자기가 낳은 왕자가 왕위에 올랐다. 그 당시 여성으로서 올라갈 수 있는 최고의 권좌에 다시 앉게 되었다. 이쯤 되면 밧세바에게도 정치 감각이 상당했을 법하다. 과연 그럴까?

솔로몬이 왕위에 오르고 얼마 지나지 않아, 아도니야가 밧세바를 찾아왔다. 다윗 생존 시 장남으로서 왕위에 오르려다 미끄러진 아도니야를 보니 외동서 '학깃' 형님이 생각났다. 아도니야는 학깃의 소생이다.

왕비들끼리 때로는 날카로운 신경전을 벌이기도 하지만 때로는 연합하여 흥을 돋울 때도 없지 않아서 미운 정 고운 정이 들 내로 다 들었던 터다. 학깃 형님을 생각하면서 아도니야를 바라보니 측은하기도 했다.

"작은 어머니, 솔로몬이 왕이 된 것을 축하드립니다!"

"고맙네!"

"저에게 청이 하나 있는데요, 아우 솔로몬 왕께 어머님께서 잘 말씀해 주셔서 저의 청을 들어주실 수 있겠습니까?"

아도니야가 밧세바에게 부탁한 것은 부왕 다윗 말년에 다윗 침소에 들어 시중을 들었던 동정녀 아비삭을 자기가 아내로 맞아들일 수 있도록 해 달라는 것이었다.

아비삭이 다윗 왕과 성관계를 갖지는 않았을지라도 그녀도 엄연히 부왕의 후궁이다. 그럼에도 아도니야가 아비삭을 자기 아내로 삼을 수 있도록 청탁한 것이다.

이 청탁은 정치적으로 대단히 민감한 사안이다.

당시 관례로서 선왕의 왕비를 취한다는 것은 선왕의 뒤를 이을 정통성을 확보한다는 의미를 지닌다. 이런 청탁을 자칫 잘못 넣었다가는 목숨을 잃을 수도 있었다. 이를 모를 리 없는 아도니야는 솔로몬의 모후 밧세바를 교묘하게 이용하여 앞날을 도모하고자 했던 것이다.

사실 밧세바가 약간만이라도 정치적인 감각을 지녔더라면 그 자리에서 호통을 치고 아도니야를 내쫓아야 했다. 그런데 밧세바는 그 청을 듣고 아들 솔로몬 왕을 찾아갔다.

밧세바는 아도니야의 부탁을 들어주라고 솔로몬 왕에게 말한다.

이 말을 들은 아들 솔로몬은 비록 생모이지만 그 앞에서 노발대발했다. 그럴 수밖에 없었다. 왕이 되려다 뜻을 이루지 못한 배다른 형 아도니야가 반역을 도모하는 데 어머니가 이용당하고 있기 때문이다. 평생을 왕궁에서 살아왔으면서도 정치적으로는 아둔하기만 한 어머니에게 솔로몬은 심하다 싶을 만치 언성을 높였다. 그리고 나서 아도니야를 즉시 사형에 처한다.

밧세바는 젊은 시절 남편 우리아를 먼저 보내고 뜻에 없던 왕비가 되어 한 평생을 호의호식하면서 살았다. 그러나 성서의 행간에 드러난 밧세바의 일생은 행복해 보이지 않는다. 원래의 성격 탓일 수도 있다. 바깥세상 돌아가는 일에는 흥미가 없었다든지 남자들이 하는 일에는 별로 관심을 두지 않는 성격이었을 수도 있다. 그러나 왕비로서, 또 왕자를 다섯이나 생산한 어머니로서 왕자들과 자신의 안위를 염두에 두었더라면 밧세바가 이토록 정치에 무관심하고 무지할 수는 없다.

마음에 두지 않았던 남성이 자기의 지위와 힘을 앞세워 성폭력을 가했을 때 피해 여성이 보이는 여러 가지 증후들이 밧세바에게서 드러난다. 밧세바 앞에 어떠한 삶이 새롭게 펼쳐신다 하더라도 전 남편인 우리아와의 사랑 그리고 추억, 성폭력으로 수태되어 태어난 아들, 또 그 아들의 죽음에 대한 아픔은 결코 치유되지 않았다.

상처를 보듬은 채 질긴 세월을 살아온 밧세바에게 정치적

실권을 장악한다는 것은 별 의미가 없는 일처럼 보인다. 또 이후에 새로 태어난 아들이 왕이 되었는데도 그 일이 밧세바에게는 각별하지 않은 것 같다.

밧세바에게 기쁨이란 무엇이어야 할까?

밧세바의 #MeToo

성경은 간혹 어떤 고통에는 외면하는 듯 보인다.

밧세바가 당한 고통도 그 중 하나이다.

성경은 밧세바를 주어로 서술하지 않았다. 밧세바를 주어로 서술하지 않음으로써 그녀의 고통을 짐짓 덮어둔다. 밧세바가 당하는 고통에 대해 성경은 문장이 아니라 행간을 통해서 전달한다. 우리는 다윗 왕가의 공주와 왕자들 이야기, 그리고 전쟁 이야기들을 통해서 밧세바의 삶을 들여다볼 수 있었다.

밧세바의 첫 번째 미투는 본인이 아닌 선지자 나단에 의해서 이투어졌다. 나단이 가해자인 다윗을 찾아가서 죄의 엄중함을 깨우치고 회개를 이끌어냈다. 그리고 그 죄의 응보가 어떠한 것임을 분명히 고지함으로써, 다윗은 자기 생애 중에 일어나는 많은 참상이 자기 죄로 인한 것임을 알고 감내했다.

밧세바의 미투는 이로써 완결되었을까?

밧세바는 우리아의 아내에서 다윗의 왕비가 되었다. 우리아와 살았던 길지 않은 기간에는 자녀가 없었다. 그러나 다윗과의 사이에서는 많은 자녀를 낳았다. 솔로몬을 포함하여 다섯 명의 왕자를 생산했다. 한 여성으로서 인생 대부분을 예루살렘 왕궁에서 다윗 왕의 왕비로 살았다.

다윗의 왕비 밧세바는 이제 더 이상 미투하지 않아도 될까?

신약성서 첫 머리에서 밧세바의 미투에 대한 하나의 단서를 보게 된다.

> 다윗은 우리아의 아내에게서 솔로몬을 낳고(마 1:7).

다윗과 밧세바 사후 천 년의 세월이 흘렀다.

그 즈음에 신약성서의 마태복음이 씌어졌다. 그런데 마태복음에서 솔로몬을 낳은 밧세바를 '우리아의 아내'로 기록했다.

경천동지할 노릇이다. 밧세바가 솔로몬을 낳을 때는 다윗의 왕비가 된 지 꽤 오랜 시간이 흐른 다음이었다. 밧세바는 다윗으로부터 씨를 받아 솔로몬을 낳았다.

위의 짧은 문장은 우리의 관점에서 볼 때 모순투성이다.

다윗은 이스라엘의 왕이며 솔로몬의 아버지다. 솔로몬의 생모는 밧세바이며 밧세바는 다윗의 왕비로서 솔로몬을 낳았다. 그런데 여기서 밧세바는 '우리아의 아내'다. 우리아의 아내이면서 다윗의 아들 솔로몬을 낳았다는 뜻인데 물론 이때 우리아는 죽은 지 오래되었다. 블랙홀만큼이나 이해하고 수용하기 어려운 개념을 띤 문장이다.

그러나 이는 알고 보면 놀라운 밧세바의 미투(#MeToo)다!

이 구절은 천 년 동안이나 유대인들에게 밧세바는 다윗의 왕비가 아닌 우리아의 아내로 여겨져 왔음을 반증한다. 밧세바가 우리아와 산 기간은 그리 길지 않다. 신혼 중에 다윗 왕과의 사이에 그 사건이 벌어지고 평범한 아녀자에서 그야말로 눈 깜짝할 새에 왕비가 되었다. 왕비가 되어 인생의 대부분을 보냈다. 그렇다면 우리 상식으로 밧세바는 분명히 다윗의 왕비이다.

그럼에도 밧세바가 다윗의 왕비가 아니라 우리아의 아내로서 다윗의 핏줄 솔로몬을 낳았다는 서술은 획기적인 밧세바의 #MeToo다. 지금까지 세계 여러 나라에서 드러난 그 어떤 미투보다 충격적인 미투다. 경악스럽고 가슴 아픈 미투다. 미투 중의 미투요, 완벽한 미투다.

밧세바의 이 놀라운 미투를 보면서 우리는 여성의 진정한 삶이 무엇인가를 질문해야 한다. 더불어 남성들의 삶에도 똑같이 질문해야 한다. 그래서 철학에서, 사상에서, 종교에서 그리고 학문으로 인생을 논한다. 그러나 거기서는 정답을 찾을 수 없다.

블랙홀이 불가사의한 개념이듯, 인생을 이해한다는 것도 불가사의한 일이다. 밧세바라는 한 여인의 미투를 온전히 아는 것도 불가사의하다. 마태복음의 이 구절이 드러내는 역설이다.

마태복음을 쓴 마태는 A.D. 1세기 정통파 유태인이다.

밧세바 사후 천 년이 지나도록 유태인들은 밧세바를 다윗의 왕비 이전에 우리아의 아내였음을 잊지 않았다.

유태인은 밧세바의 미투를 귀 기울여 들었다.

하나님이 밧세바의 미투를 들어주듯이.